Manifesto pela história

Coleção
HISTÓRIA & HISTORIOGRAFIA

Coordenação
Eliana de Freitas Dutra

Jo Guldi
David Armitage

Manifesto pela história

TRADUÇÃO
Modesto Florenzano

autêntica

Copyright © 2014 Jo Guldi e David Armitage
Copyright © 2018 Autêntica Editora

Título original: *The History Manifesto*
Esta tradução foi publicada mediante acordo com a Cambridge University Press.

Todos os direitos reservados pela Autêntica Editora. Nenhuma parte desta publicação poderá ser reproduzida, seja por meios mecânicos, eletrônicos, seja via cópia xerográfica, sem a autorização prévia da Editora.

COORDENADORA DA COLEÇÃO HISTÓRIA E HISTORIOGRAFIA *Eliana de Freitas Dutra*	PROJETO GRÁFICO *Diogo Droschi*
EDITORAS RESPONSÁVEIS *Rejane Dias* *Cecília Martins*	CAPA *Alberto Bittencourt* *(Sobre imagem de Iassedesignen/Shutterstock)*
REVISÃO *Lívia Martins*	DIAGRAMAÇÃO *Larissa Carvalho Mazzoni*

Dados Internacionais de Catalogação na Publicação (CIP)
(Câmara Brasileira do Livro, SP, Brasil)

Guldi, Jo
  Manifesto pela história / Jo Guldi e David Armitage ; tradução Modesto Florenzano. -- 1. ed. -- Belo Horizonte : Autêntica Editora, 2018. -- (História & Historiografia)

  Título original: The History Manifesto.
  ISBN 978-85-513-0384-9

  1. Ciência política 2. História - Filosofia 3. História - Teoria 4. Historiografia - Aspectos políticos 5. Historiografia - Aspectos sociais 6. Historiografia - Filosofia I. Armitage, David. II. Título. III. Série

  18-16347   CDD-901

Índices para catálogo sistemático:
1. Historiografia : História 901

Iolanda Rodrigues Biode - Bibliotecária - CRB-8/10014

Belo Horizonte
Rua Carlos Turner, 420
Silveira . 31140-520
Belo Horizonte . MG
Tel.: (55 31) 3465 4500

Rio de Janeiro
Rua Debret, 23, sala 401
Centro . 20030-080
Rio de Janeiro . RJ
Tel.: (55 21) 3179 1975

São Paulo
Av. Paulista, 2.073,
Conjunto Nacional, Horsa I
23º andar . Conj. 2310-2312
Cerqueira César . 01311-940
São Paulo . SP
Tel.: (55 11) 3034 4468

www.grupoautentica.com.br

Sumário

Introdução: A fogueira das humanidades? 07

Capítulo I. Avançar olhando para trás:
o surgimento da *longue durée* 25

Capítulo II. O passado breve: ou,
a retirada da *longue durée* 59

Capítulo III. O longo e o breve: mudança
climática, governança e desigualdade
a partir da década de 1970 93

Capítulo IV. Grandes questões, *big data* 135

Conclusão: O futuro público do passado 177

Agradecimentos 189

INTRODUÇÃO

A fogueira das humanidades?

Um espectro está assombrando nossa época: o espectro do curto prazo.

Vivemos num momento de crise acelerada, que se caracteriza pela falta de pensamento de longo prazo; e isso apesar de a elevação do nível dos mares estar ameaçando comunidades e regiões costeiras baixas, do desperdício mundial de suprimentos por parte das cidades e de as ações humanas deixarem envenenados os oceanos, a terra e os lençóis de água para as futuras gerações. Face à crescente desigualdade econômica no interior das nações, até as desigualdades entre os países empalidecem enquanto as hierarquias internacionais revertem a condições não vistas desde o final do século XVIII, quando a China dominou pela última vez a economia global. Onde está, poderíamos perguntar, a segurança, onde está a liberdade? Que lugar nossos filhos chamarão de lar? Não há agência pública para o longo prazo à qual se possa recorrer para saber quem, se houver, está preparado para responder a essas mudanças cruciais. Ao contrário, quase todo aspecto da vida humana é demarcado e julgado, empacotado e pago, em escala temporal de poucos meses ou anos. Há poucas oportunidades para livrar tais projetos das amarras do curto prazo. Parece até mesmo não valer a pena propor questões na perspectiva do longo prazo.

Numa era de campanhas eleitorais permanentes, os políticos não planejam além de suas próximas apostas eleitorais. Nos seus discursos públicos, evocam filhos e netos, mas o que determina a prioridade relativa das questões são os ciclos eleitorais, de dois a sete anos. O resultado disso é menos dinheiro para a infraestrutura e escolas em esfarelamento e mais dinheiro para qualquer iniciativa que prometa postos de trabalhos imediatos. O mesmo horizonte curto rege o modo como a maioria dos conselhos dirigentes das grandes corporações organiza seu futuro. Ciclos trimestrais significam que executivos têm que demonstrar benefícios em cadências regulares.[1] Investimentos a longo prazo em recursos humanos desaparecem dos balancetes e assim são cortados. Instituições internacionais, associações humanitárias e organizações não governamentais (ONGs) devem seguir a mesma lógica e adaptar seus programas a previsões anuais ou no máximo trienais. Ninguém, ao que parece, de burocratas a administradores de empresas, de eleitores àqueles que recebem ajuda internacional, pode escapar da ameaça onipresente do *short-termism* [visão de curto prazo].

Há, é claro, indivíduos que resistem a essa tendência. Em 1998, o cyber-utópico californiano Stewart Brand criou a Long Now Foundation [Fundação do Longo Presente] para promover a conscientização sobre temporalidades mais amplas. "A civilização", escreveu, "gira sobre si mesma numa patológica atenção ao tempo breve. Algum tipo de equilíbrio corretivo ao curtíssimo prazo se faz necessário – algum mecanismo ou mito que encoraje a olhar a longa distância e assumir a responsabilidade pelo longo prazo, onde 'o longo prazo' seja medido pelo menos em séculos". A solução carismática de Brand para o problema do *short-termism* é o *Clock of the Long Now* [Relógio do Longo Presente], um mecanismo operando num intervalo computacional de 10.000 anos, projetado precisamente para medir o tempo em séculos, ou até mesmo em milênios.[2]

Mas a nossa cultura continua a carecer de uma perspectiva de longo prazo. A doença tem até mesmo um nome – "*short-termism*"– com muitos praticantes, mas poucos defensores. Ela está agora tão

---

[1] Alfred Rappaport, *Saving Capitalism from Short-termism: How to Build Long-term Value and Take Back our Financial Future* (Nova York, 2011); Dominic Barton e Mark Wiseman, "Focusing Capital on the Long Term", *Harvard Business Review*, v. 92, n. 1-2, p. 44-51, jan./fev. 2014.

[2] Stewart Brand, *The Clock of the Long Now: Time and Responsability* (Nova York, 1999), p. 3. Ver: <http://longnow.org/>, acesso em: 24 abr. 2018.

profundamente arraigada em nossas instituições que se tornou um hábito – muito seguido, mas raramente justificado, muito lamentado, mas pouco diagnosticado. Somente recebeu um nome, pelo menos em inglês, nos anos 1980, depois do que seu uso cresceu extraordinariamente (ver Graf. 1).

Gráfico 1 - Uso do termo *"short-termism"*, c. 1975-2000

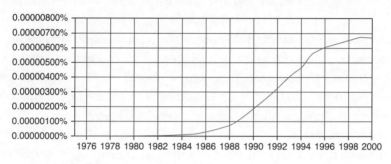

Fonte: Google Ngram Viewer.

O diagnóstico mais ambicioso do *short-termism* de que dispomos é o da Comissão Martin de Oxford para Futuras Gerações. Em outubro de 2013, um grupo de especialistas comandados por Pascal Lamy, antigo diretor-geral da Organização Mundial do Comércio (OMC), publicou um relatório intitulado *Now for the Long Term* [Agora pelo Longo Prazo] "com foco no crescente *short-termism* da política contemporânea e na nossa incapacidade coletiva para sair do impasse que solapa as tentativas de enfrentar os maiores desafios que determinarão o nosso futuro". Apesar de o tom do relatório não poder ser considerado otimista, olhava para a frente e confiava no futuro. Seu mote poderia ter sido a frase citada na introdução e atribuída a Pierre Mendès France, antigo primeiro ministro francês: *"gouverner, c'est prévoir"* – "governar significa prever".[3]

Imaginar o longo prazo como uma alternativa ao curto prazo pode não ser difícil, mas colocar o *long-termism* [visão de longo prazo] em prática pode ser bem mais complicado. Quando instituições ou indivíduos tentam perscrutar o futuro, há uma carência de conhecimento

---

[3] Pascal Lamy *et al.*, *Now for the Long Term: The Report of the Oxford Martin Commission for Future Generations* (Oxford, 2013), p. 6 e p. 9.

sobre como realizar tal tarefa. Ao invés dos fatos, costumamos recorrer às teorias. Ouvimos dizer, por exemplo, que estávamos diante do fim da história, e que o mundo está aquecido, chato e abarrotado.[4] Lemos que todos os acontecimentos humanos são redutíveis a modelos derivados da física, traduzíveis em termos de economia ou de ciência política, ou explicados por uma teoria da evolução que olha retrospectivamente para nossos ancestrais caçadores-coletores. Matérias são publicadas aplicando modelos econômicos aos lutadores de sumô e antropologia paleolítica às modalidades usadas pelas pessoas para marcar encontros.[5] Essas lições são replicadas nos noticiários e seus proponentes veem-se elevados ao *status* de intelectuais públicos. Suas regras parecem apontar para mecanismos imutáveis que governam nosso mundo. Mas pouco contribuem para explicar a mutável hierarquia das economias ou das identidades de gênero, ou ainda das reconfigurações do sistema bancário de que temos sido testemunhas em nosso tempo. Apenas em raros debates alguém observa que estão acontecendo mudanças de longo prazo ao nosso redor, que são relevantes e possíveis de serem percebidas. O mundo que nos rodeia é claramente um mundo em mudança, irredutível a modelos. Quem está preparado para permanecer atento a essas vibrações temporais profundas e para as traduzir aos outros?

Mesmo os que se atribuíram a tarefa de indagar o futuro em geral lançam apenas um olhar míope ao passado. O referido Relógio do Longo Presente, de Stewart Brand, aponta para um futuro de 10.000 anos, mas para um passado de apenas um século. A Comissão Martin procurou por evidências para atestar várias "megatendências" – entre as quais, o crescimento da população, os deslocamentos migratórios, o emprego, a desigualdade, a sustentabilidade e a assistência à saúde –, mas não incluiu entre os seus membros nenhum historiador para lhes dizer

---

[4] Francis Fukuyama, *The End of History and the Last Man* (Nova York, 2006); Thomas L. Friedman, *Hot, Flat, and Crowded: Why We Need a Green Rebellion – And How it Can Renew America* (Nova York, 2008).

[5] A inspiração para essas popularizações veio de trabalhos como os de Steven D. Levitt e Stephen J. Dubner, *Freaknomics: A Rogue Economist Explores the Hidden Side of Everything* (Nova York, 2005); Gregory Clark, *A Farewell to Alms: A Brief Economic History of the World* (Princeton, NJ, 2007); e Francis Fukuyama, *The Origins of Political Order: From Prehuman Times to the French Revolution* (Nova York, 2011).

INTRODUÇÃO: A FOGUEIRA DAS HUMANIDADES?

o quanto essas tendências tinham mudado no arco temporal de uma vida, ou no curso de um verdadeiro longo prazo de séculos ou milênios. De fato, poucos dos exemplos citados pela comissão no relatório *Now for the Long Term* remontam a antes dos anos 1940. Grande parte dos dados recolhidos por estes autoproclamados futurólogos provém dos últimos trinta anos, apesar de a seção mais relevante do relatório ostentar o título "Olhar para trás para olhar para a frente". Uma tal miopia histórica é ela mesma um sintoma do *short-termism* que eles se propõem a superar.

Na verdade, o mundo em que vivemos anseia por pensamento de longo prazo. Por toda parte, dos departamentos de ciência política às conversações nas refeições, os cidadãos do mundo todo queixam-se da estagnação política e dos limites do sistema bipartidário. A falta de alternativas sérias ao capitalismo do *laissez-faire* constitui a marca registrada do atual sistema de governança mundial, do Banco Mundial à OMC. As moedas, as nações e os níveis dos mares sobem e descem. Nas economias avançadas, mesmo as profissões que até uma geração atrás proporcionavam empregos seguros não são mais estáveis. Que tipo de educação prepara as pessoas para tanta volatilidade em suas vidas? Como faz um jovem para apreender não só a ouvir e a comunicar, mas também a julgar as instituições, a perceber quais tecnologias manterão suas promessas e quais estão condenadas ao fracasso, a pensar de maneira flexível sobre o Estado e o mercado e suas recíprocas conexões? E como conseguirão fazê-lo com um olho voltado para o lugar de onde viemos e o outro para o qual estamos indo?

★★★

Pensar no passado com vistas a ver o futuro não é realmente tão difícil. A maioria de nós torna-se consciente da mudança primeiro na família, observando as onipresentes tensões entre uma geração e a seguinte. Mesmo nesses intercâmbios familiares, olhamos para trás com vistas a ver o futuro. As pessoas sagazes, quer sejam ativistas quer empreendedoras, dependem por igual de uma percepção instintiva da mudança do passado ao presente e ao futuro para gerir o dia a dia de suas atividades. Perceber uma mudança econômica antecipadamente com relação aos outros pode levar a amealhar fortunas, como é o caso do especulador imobiliário que fareja com antecipação o deslocamento de pessoas ricas em direção a uma área antes degradada. A percepção de uma alteração na política, de uma concentração de poder sem precedentes pelas corporações e a revogação da legislação precedente foi o que precipitou um movimento como o *Occupy Wall Street*. Independentemente da idade ou de uma renda segura, estamos todos às voltas com a tarefa de dar sentido a um mundo em transformação. Em todos os casos, compreender o nexo entre passado e futuro é crucial para agir sobre o que está por vir.

Mas quem escreve sobre essas mudanças como desenvolvimentos de longo prazo? Quem alimenta com o material do nosso passado coletivo os que estão à procura de futuros mais luminosos? Os séculos e as épocas são com frequência mistérios muito amplos e profundos para serem deixados aos cuidados de jornalistas. Somente em raros debates alguém consegue perceber que há continuidades que são relevantes e possíveis de serem apreciadas. Quem está treinado e pronto a captar essas vibrações do tempo profundo e traduzi-las aos outros?

As universidades reivindicam um papel especial como lugares para se pensar escalas temporais mais amplas. Historicamente, as universidades têm estado entre as instituições mais resistentes, estáveis e duradouras já criadas pelo homem. A Universidade de Nalanda, no estado indiano de Bihar, foi fundada há mais de 1500 anos como uma instituição budista, e está agora revivendo como centro educacional. As grandes universidades europeias como as de Bolonha (1088), Paris (c. 1150), Oxford (1167), Cambridge (1209), Salamanca (1218), Toulouse (1229) e Heidelberg (1386), para nomear apenas algumas, remontam ao período compreendido entre os séculos XI e XIV; e as universidades no Peru e no México datam de meados do século XVI, de décadas antes da fundação de Harvard ou Yale. Por contraste, a média de vida de uma grande empresa do século XX foi calculada em 75 anos; é possível que somente haja no mundo duas companhias que possam ser comparadas em longevidade com a maioria das universidades.[6]

Universidades, juntamente com instituições religiosas, são portadoras de tradições e guardiãs de conhecimento profundo. Deveriam

---

[6] "The World's Oldest Companies", *The Economist*, 16 dez. 2004. Disponível em: <www.economist.com/node/3490684>. Acesso em: 19 abr. 2018.

INTRODUÇÃO: A FOGUEIRA DAS HUMANIDADES?

ser centros de inovação nos quais a pesquisa tem lugar sem se levar em conta o lucro ou a aplicação imediata.[7] É precisamente esse relativo desinteresse que tem dado à universidade um espaço particular para se refletir sobre questões de longo prazo utilizando recursos de longo prazo. Como observou o vice-reitor da mais antiga universidade da Oceania, a de Sydney (1850), as universidades continuam sendo "o único agente capaz de investir em pesquisas intensivas de infraestrutura de longo prazo [...] ao passo que as empresas procuram em geral um retorno do investimento num período de poucos anos. Se as universidades adotassem uma abordagem semelhante, simplesmente não haveria mais no mundo entidades capazes de sustentar pesquisas num horizonte de tempo de vinte, trinta, ou cinquenta anos".[8]

Contudo, essa capacidade peculiar da universidade de promover pesquisas desinteressadas de longo prazo pode estar tão ameaçada quanto o próprio pensamento no longo prazo. Durante a maior parte da história das universidades, foram as humanidades que se encarregaram da responsabilidade de transmitir a tradição e de submetê-la a exame crítico.[9] Hoje, esses temas incluem o estudo das línguas, da literatura, da arte, da música, da filosofia, e da história, mas na sua concepção original se estendiam a todas as temáticas não profissionais, incluindo a lógica e a retórica, mas excluindo o direito, a medicina e a teologia. Seu propósito educacional era precisamente o de não ser instrumental: examinar teorias e casos, propor questões e meios para solucioná-las, mas não propor objetivos ou estratégias práticas. Quando a universidade medieval se transformou na moderna universidade de pesquisa e as fundações privadas tornaram-se sujeitas ao financiamento e controle públicos, as metas das humanidades

[7] Stefan Collini, *What Are Universities For?* (Londres, 2012); Andrew McGettigan, *The Great University Gamble: Money, Markets and the Future of Higher Education* (Londres, 2013).

[8] Michael Spence "How Best to Measure the Value of Reserch", *The Chronicle of Higher Education*, 8 ago. 2013. Disponível em: <http://chronicle.com/blogs/worldwise/how-best-to-measure-the-value-of-research/32765>. Acesso em: 19 abr. 2018.

[9] Rens Bod, *A New History of the Humanities: The Search for Principles and Patterns from Antiquity to the Present* (Oxford, 2013).

foram sempre mais submetidas a avaliação e contestadas. Desde pelo menos o século passado, onde quer que as humanidades tenham sido ensinadas ou estudadas, tem havido debate sobre sua "relevância" e seu "valor". Crucial para a defesa das humanidades tem sido sua missão de transmitir por séculos, e até mesmo milênios, questões sobre valor e questionamento de valores. Toda procura por antídotos para o *short-termism* tem que começar pelas humanidades.

E, no entanto, para onde quer que nos voltemos ouvimos dizer que as humanidades estão em "crise"; mais especificamente, a ex-presidente da American Historical Association, Lynn Hunt, argumentou recentemente que o campo da "história está em crise e não só devido à escassez de recursos universitários".[10] Não há nada de novo nisso: a vantagem de uma perspectiva histórica está em saber que as humanidades têm vivido em crises recorrentes nos últimos cinquenta anos. As ameaças que as afetam têm variado de país a país e de um período a outro, mas alguns de seus inimigos são comuns em todos os casos. As humanidades podem parecer *"soft"* e indiferenciadas nos seus achados comparadas às assim chamadas *hard sciences*. Podem parecer um luxo, mesmo uma extravagância, em contraste com disciplinas orientadas para carreiras profissionais, como a economia ou o direito. Raramente competem com a informática, a engenharia e indústria farmacêutica na busca por estabelecer relações com clientes altamente vantajosos. E podem ser vulneráveis às novas tecnologias que poderiam converter em algo muito simples os métodos que caracterizam as humanidades, como a leitura rigorosa dos textos, a consideração pelos valores abstratos e a promoção da reflexão crítica com relação ao insípido raciocínio instrumental. As humanidades são acessórias (não instrumentais), obsolescentes (não efervescentes), sempre mais vulneráveis (não adaptáveis tecnologicamente) − ou assim os seus inimigos e céticos gostariam de nos fazer acreditar.[11]

---

[10] Lynn Hunt, *Writing History in the Global Era* (Nova York, 2014), p. I.

[11] Defesas recentes e importantes das humanidades, da Grã-Bretanha e dos Estados Unidos, incluem Louis Menand, *The Marketplace of Ideas* (Nova York, 2010); Martha Nussbaum, *Not for Profit: Why Democracy Needs the Humanities* (Princeton, NJ, 2010); Jonathan Bate (Org.), *The Public Value of the Humanities* (Londres, 2011); Helen Small, *The Value of the Humanities* (Oxford, 2013).

A crise da universidade tornou-se aguda por várias razões. O acúmulo e a difusão do conhecimento por meio do ensino e da publicação estão passando por mudanças mais profundas que em qualquer outro momento dos últimos quinhentos anos. Em muitas partes do mundo, mas especialmente na América do Norte, pais e alunos herdaram uma universidade que foi reorganizada para funcionar como um organismo especializado na produção de competências, dominadas com frequência pelas disciplinas de ponta como a física, a economia e as neurociências, concebidas para desovar artigos em números recordistas, e frequentemente insensíveis às outras tradições de aprendizagem. A última "crise das humanidades" e as causas que a geraram têm sido objeto de amplo debate. Ao que parece, as inscrições nos cursos de humanidades declinaram com relação aos seus níveis históricos. Cursos *online* abertos e massivos (MOOCS – *Massive Open Online Courses*) parecem prefigurar o desaparecimento do ensino em pequenos grupos e o íntimo processo de interação entre docentes e estudantes. As fronteiras mutáveis entre as disciplinas humanistas e as científicas podem fazer com que esse modo de abordar as humanidades pareça estranho ou supérfluo. Os apertos nos financiamentos públicos e nas contribuições privadas pressionam as universidades, quer de fora, para produzir bons resultados, quer de dentro, para demonstrar viabilidade. Para os docentes das humanidades, bater-se contra esses desafios internos e externos pode parecer uma luta contra a hidra de muitas cabeças: hercúlea – e, portanto, heroica – mas sem fim, porque cada vitória comporta um novo adversário.

Administradores, acadêmicos e estudantes lutam para enfrentar todos esses desafios ao mesmo tempo. Eles têm que se esforçar para encontrar uma saída que permita salvaguardar as virtudes distintivas da universidade – e das humanidades e ciências histórico-sociais em seu interior. Mais importante, eles têm necessidade de especialistas que sejam capazes de olhar para além das preocupações setoriais de disciplinas muito ligadas aos financiamentos por parte de seus clientes, para além do próximo ciclo econômico ou da próxima eleição. Na verdade, numa crise de *short-termism*, nosso mundo precisa encontrar em algum lugar a informação sobre a relação entre o passado e o futuro. Nossa tese é de que a história – enquanto disciplina e objeto de estudo – pode ser justamente o árbitro de que precisamos nesta época crítica.

★★★

Pelo menos até há pouco, quem quer que procurasse por soluções para o *short-termism*, nos departamentos de história da maioria das universidades, ficaria muito desapontado. Como indicamos nos próximos capítulos, outrora os historiadores narravam acontecimentos em amplos arcos temporais, mas faz quarenta anos aproximadamente, que muitos deles senão a maioria, deixaram de fazê-lo. Por duas gerações, entre 1975 e 2005, a maioria dos estudos dos historiadores abarcaram aproximadamente de cinco a cinquenta anos, mais ou menos o tempo de vida de um adulto. Essa compressão do tempo no trabalho histórico pode ser ilustrada com nitidez no intervalo de tempo coberto pelas teses de doutorado produzidas nos Estados Unidos, país que adotou precocemente o modelo universitário alemão e produziu desde então doutorados em história em escala mundial. Em 1900, o número médio de anos coberto por teses de doutorado em História dos Estados Unidos era de aproximadamente setenta e cinco anos; por volta de 1975, caiu para cerca de trinta anos. O domínio dos arquivos; o pleno controle de uma historiografia em constante crescimento e o imperativo de reconstruir e analisar detalhes cada vez menores: tudo isso tornou-se marca registrada da profissionalização em História. Mais adiante, indicaremos por que e como essa concentração – alguém poderia dizer contração – do tempo ocorreu. Por agora, é suficiente notar que, no último quarto do século XX, o *short-termism* tornou-se tanto uma finalidade acadêmica quanto um problema público.

Foi durante esse período que, a nosso ver, os historiadores profissionais cederam a tarefa de sintetizar o conhecimento histórico a autores não qualificados para isso, ao mesmo tempo que perderam qualquer influência que uma vez puderam ter exercido sobre a política a ser seguida por seus colegas das ciências sociais, e de maneira mais evidente dos economistas. A diferença entre a história acadêmica e a não acadêmica ampliou-se. Desmoronava, depois de dois mil anos, a antiga finalidade da história de servir de guia à vida pública. Com a "retração do tempo histórico... a disciplina da história, deixava, estranhamente, de ser histórica".[12] Os departamentos de história estão

---

[12] Daniel Lord Smail, "Introduction: History and the Telescoping of Time: A Disciplinary Forum", *French Historical Studies*, v. 34, p. 1-2, 2011.

INTRODUÇÃO: A FOGUEIRA DAS HUMANIDADES?

cada vez mais expostos a desafios novos e preocupantes: as crises recorrentes das humanidades que se ressentem da diminuição constante no número de alunos inscritos; as demandas cada vez mais invasivas por parte dos administradores e de seus financiadores políticos para que demonstrem capacidade de "impactar"; e as crises internas de confiança sobre sua relevância com relação às disciplinas contíguas que têm salas de aula superlotadas, maior visibilidade e influência mais evidente na formação da opinião pública.

Mas há hoje sinais de que o longo prazo e a longa extensão estão retornando. O quadro cronológico das teses de doutorado em história já está se ampliando. Historiadores profissionais estão voltando a escrever monografias cobrindo períodos de duzentos a dois mil anos, ou inclusive mais. E há agora um universo em expansão de horizontes históricos, da "história profunda" do passado humano, que se estende a mais de quarenta mil anos, à "grande história" que remonta ao *Big Bang*, a um passado de 13.8 bilhões de anos. Em muitos campos da história, a grande dimensão está definitivamente de volta.[13] Por retorno da *longue durée*, entendemos a ampliação das escalas de tempo dos historiadores que nesse livro diagnosticamos e recomendamos.[14] Na última década, nas universidades, o surgimento dos *big data* e de problemas de longo prazo como a mudança climática, a governança e

---

[13] David Christian, "The Longest Durée: A History of the Last 15 Billion Years", *Australian Historical Association Bulletin*, v. 59-60, p. 27–36, ago./nov. 1989; Christian, "Big History: The Longest 'Durée'", Öster- reichische Zeitschrift für Geschichtswissenschaften, v. 20, p. 91-106, 2009; Tom Griffiths, "Travelling in Deep Time: La Longue Durée in Australian History", *Australian Humanities Review,* jun. 2000. Disponível em: <www. australian humanitiesreview.org/archive/Issue-June-2000/griffiths4.html>. Acesso em: 19 abr. 2018.

[14] David Armitage and Jo Guldi, "Le Retour de la longue durée. Une perspective anglo-saxonne", *Annales. Histoire, Sciences sociales,* v. 70, 2015. De forma mais geral, ver Barbara Weinstein, "History Without a Cause? Grand Narratives, World History, and the Postcolonial Dilemma'", *International Review of Social History*, v. 50, p. 71-93, 2005; Penelope Corfield, "The Big Picture's Past, Present and Future", *The Times Higher*, 27 jul. 2007; Donald A. Yerxa, "Introduction: History on a Large Scale", in Yerxa (Org.), *World History and the History of the West: Historians in Conversation* (Columbia, SC, 2009), p. 1-12; David Christian, "The Return of Universal History", *History and Theory*, v. 49, p. 6-27, 2010; David Sebouh Aslanian *et al.*, "How Size Matters: The Question of Scale in History", *American Historical Review*, v. 118, n. 5, p. 1431-1472, 2013.

a desigualdade, estão causando um retorno às questões sobre como o passado se desenvolveu no curso dos séculos e dos milênios, e o que isso nos diz sobre nossa sobrevivência e nossa prosperidade futura. Tudo isso gerou um novo sentido de responsabilidade e de urgência, no trabalho dos historiadores, os quais, como relevou um adepto do futuro público da história, "deveriam reconhecer que o modo como narram o passado determina o modo como o presente entende seu potencial, e, consequentemente, como uma intervenção sobre o futuro do mundo".[15]

A forma e a epistemologia desses estudos não são novas. A *longue durée*, como expressão do léxico histórico, foi uma invenção do grande historiador francês Fernand Braudel que remonta a mais de cinquenta anos, precisamente a 1958.[16] Como horizonte temporal da pesquisa e da narração histórica, a *longue durée* praticamente desapareceu por uma geração, antes de voltar à cena em anos recentes. Como esperamos demonstrar, as razões dessa retração foram tanto sociológicas quanto intelectuais; e as motivações para o seu retorno são tanto políticas quanto tecnológicas. Contudo, a *longue durée* a cujo reaparecimento se assiste não é idêntica à sua encarnação original; e segundo a clássica afirmação do sociólogo francês Pierre Bourdieu, "os retornos a estilos do passado nunca são 'a mesma coisa', posto que estão separados daquilo ao que se retorna por uma referência negativa a algo que foi em si mesmo sua negação (ou a negação da negação)".[17] A nova *longue durée* emergiu no interior de um ecossistema muito diferente de alternativas intelectuais. Possui um dinamismo e uma flexibilidade inexistentes em sua versão anterior. Tem uma nova relação com as abundantes fontes de *big data* hoje disponíveis – dados de natureza ecológica, governamental, econômica e cultural, muitos

---

[15] Richard Drayton, "Imperial History and the Human Future", *History Workshop Journal*, v. 74, p. 167, 2012.

[16] Fernand Braudel, "Histoire et Sciences sociales. La longue durée", *Annales. Histoire, Sciences sociales*, v. 13, p. 725-753, 1958; tradução de Braudel, "History and the Social Sciences", *in* Braudel, *On History*, tradução de Sarah Matthews (Chicago, 1982), p. 25-54.

[17] Pierre Bourdieu, "The Field of Cultural Production, or: The Economic World Reversed", *in* Bourdieu, The Field of Cultural Production: Essays on Art and Literature (Org. e Introd.) Randal Johnson (Nova York, 1993), p. 60.

dos quais recentemente disponíveis para serem examinados com as lentes da análise digital. Como uma decorrência dessa incrementada reserva de evidências, a nova *longue durée* oferece também um maior potencial crítico tanto a historiadores como a outros cientistas sociais, aos *policy-makers*[18] e ao público em geral.

As origens dessa nova *longue durée* podem estar no passado, mas agora está muito mais orientada para o futuro. Nesse sentido, seu renascimento assinala um retorno a alguns dos fundamentos do pensamento histórico no Ocidente como em outras partes do mundo. Até a História se profissionalizar, tornando-se uma disciplina acadêmica com departamentos, revistas, associações e demais instâncias formais a uma profissão, sua missão tinha sido primordialmente educativa, até mesmo reformadora. A história explicava às comunidades o que elas haviam sido; ajudava os governantes a orientar-se no exercício do poder, ao mesmo tempo que aconselhava seus conselheiros a como influenciar seus superiores. E, mais em geral, fornecia aos cidadãos as coordenadas para poder compreender o presente e orientar suas ações para o futuro. A missão da história como guia para a vida nunca deixara de existir por completo. O aumento da profissionalização, e a explosão das publicações acadêmicas por parte dos historiadores universitários, obscureceu e às vezes fez esquecer sua finalidade. Mas agora isso está ressurgindo juntamente com a *longue durée* e com a expansão das possibilidades – com novas pesquisas e um novo engajamento público – que a acompanham.

★★★

Organizamos este pequeno livro sobre o longo prazo em duas partes, cada uma com dois capítulos. A primeira mapeia o surgimento e a queda do pensamento de longo prazo entre os historiadores; a segunda trata de seu retorno e de seu futuro potencial como ciência humana crítica. O Capítulo I traça a fortuna de duas tendências na escrita e no pensamento histórico sobre uma *longue durée* de séculos e a seguir de arcos breves de tempo, de decênios. A tendência inicial

---

[18] Não havendo em português um equivalente preciso para essa expressão (os termos mais utilizados, "decisores políticos", "responsáveis políticos" e "governantes", são claramente insatisfatórios), ela não será traduzida. (N.T.)

coincide com a finalidade da história de ser um guia para a ação no presente, utilizando os recursos do passado, imaginando possíveis alternativas para o futuro. A outra tendência é a gênese mais recente de uma história explícita da *longue durée*, em particular na obra do grupo altamente influente de historiadores franceses que no século XX operaram no âmbito da revista *Annales*. O mais destacado expoente desse grupo foi Fernand Braudel, o maior proponente de sua peculiar e duradoura concepção do que significa a *longue durée* em termos de tempo, movimento, ação humana (ou falta de) e interação humana com o ambiente físico e os ciclos estruturais da economia e da política. Com base em precedentes modelos de *longue durée*, apresentaremos neste capítulo três abordagens que a história oferece a quem está à procura de um futuro: um sentido de destino e de livre-arbítrio, o pensamento contrafactual e a reflexão sobre utopias. Essas liberdades da história, como mostraremos nos capítulos seguintes, distinguem a reflexão histórica dos modelos baseados na lei natural dos antropólogos evolucionistas, dos economistas e de outros árbitros de nossa sociedade. Elas constituem um remédio crucial para uma sociedade paralisada pelo pensamento de curto prazo, porque essas ferramentas históricas orientadas para o futuro facilitam o aparecimento de novos padrões de imaginação com os quais compreender os futuros possíveis.

No Capítulo II veremos que a *longue durée*, quase no mesmo momento em que passou a ser assim nomeada, começou a declinar. Da década de 1970 ao início do século XXI, no mundo todo os historiadores começaram a se concentrar na escala do tempo curto. Suas motivações foram variadas. Alguns voltaram-se à pesquisa em arquivos para melhor satisfazer às exigências da profissionalização; outros a experimentar com teorias importadas de disciplinas próximas; outros, ainda, porque a profissionalização e a teoria ofereciam um porto seguro para escrever sem se comprometer com causas radicais que coincidiam com os movimentos da época: nos Estados Unidos, em particular, o dos direitos civis, o do protesto contra a guerra, ou do feminismo. Fora desses variados anelos, um novo tipo de história fez seu aparecimento, concentrada na "micro-história" de indivíduos excepcionais, de acontecimentos aparentemente inexplicáveis, ou de conjunturas significativas.

INTRODUÇÃO: A FOGUEIRA DAS HUMANIDADES?

A micro-história não foi inventada para suprimir a relevância da história, mas, como veremos, até os historiadores são perseguidos pela lei das consequências involuntárias. Dedicando-se à causa de pôr à prova e desprestigiar grandes teorias sobre a natureza do tempo e da ação, os historiadores do mundo de fala inglesa que adotaram as técnicas da micro-história dedicaram-se com frequência a escrever para leitores ou comunidades que tinham justamente acabado de encontrar suas vozes políticas. Nesse processo, esses micro-historiadores viram-se a si próprios ligados a uma outra grande força contemporânea da vida intelectual: a tendência dos acadêmicos de se voltarem a uma especialização cada vez maior do conhecimento. Mesmo continuando, no interior de suas células ativistas, apaixonados pela causa da reforma, os micro-historiadores participavam cada vez menos dos colóquios sobre a antiga ambição da universidade de ser um guia da vida pública e de futuros possíveis. E não eram os únicos. Aquelas que foram chamadas de "grandes narrativas" – grandes estruturas, processos amplos, e comparações de grande envergadura – estavam ficando sempre mais fora de moda e não apenas entre historiadores. A reflexão sobre grandes quadros era amplamente percebida como declinante. Enquanto isso, assistia-se à alta do *short-termism*.

Uma consequência da retirada dos historiadores da esfera pública foi que o controle das instituições foi assumido por outros estudiosos, cujo olhar sobre o passado era condicionado mais por modelos universais do que pelos dados históricos. Isso fez aumentar em especial a importância dos economistas, os quais, como veremos no Capítulo III, estavam em toda parte – aconselhando políticas quer à esquerda quer à direita; arbitrando grandes debates sobre governabilidade mundial; e até mesmo falando sobre a herança de nossos antepassados caçadores-coletores, sobre como sua racionalidade econômica determinou nosso presente e nosso futuro. Pelo menos em três esferas – discussões sobre clima, governabilidade mundial e desigualdade –, os modelos universalistas dos economistas chegaram a dominar o debate sobre o futuro. Ao final desse capítulo, veremos as razões pelas quais essas visões estáticas e não históricas da natureza humana são limitadoras. Delinearemos uma abordagem alternativa sobre o futuro, recomendando três perspectivas que consideramos como expressão de boa história: a que atenta para processos que exigem um longo tempo para se desenvolver; a que se ocupa dos falsos mitos sobre o futuro e esclarece a origem dos dados; e a que examina diversos tipos e fontes de dados para desenvolver múltiplas perspectivas sobre como uma variedade de atores diferentes vivenciou ou poderia vivenciar o passado e o futuro.

No Capítulo IV, abordamos parcialmente o que está tomando o lugar do pensamento apocalíptico sobre o clima e da perspectiva da predestinação econômica, sustentando que o pensamento de curto prazo está sendo desafiado pela tecnologia da informação de nossa época: a explosão dos *big data* e dos meios hoje disponíveis para dar sentido a tudo isso. Aqui iluminamos como os estudiosos, os homens de negócios, os ativistas e os historiadores estão usando novos bancos de dados para agregar informação sobre a história da desigualdade e do clima e para projetar novos futuros possíveis. E apresentamos as ferramentas particulares, muitas das quais projetadas por historiadores, que melhoram esses bancos de dados e deles extraem modelos qualitativos de pensamento que mudam com o tempo. Mostramos que esses novos dados para pensar o passado e o futuro estão superando rapidamente as velhas análises econômicas, cujos indicadores foram desenvolvidos entre os anos 1930 e 1950 para medir hábitos de consumo e de emprego em sociedades nas quais se vivia de maneira muito diferente da que se vive no século XXI. Nas próximas décadas, cientistas da informação, ambientalistas e mesmo analistas financeiros terão sempre mais necessidade de pensar na origem temporal de seus dados se quiserem entrever o futuro. Essa mudança na vida dos dados pode determinar uma importante transformação na universidade do futuro, na qual os que pensam a história terão um papel cada vez mais importante a desempenhar como árbitros dos *big data*.

Nossa Conclusão termina por onde começamos, com o problema de saber quem em nossa sociedade tem a responsabilidade de elaborar e interpretar grandes quadros gerais. Escrevemos num momento de desestabilização de nações e de moedas, na ponta de uma cadeia de acontecimentos ambientais que mudarão nosso modo de vida, num tempo em que as questões relativas à desigualdade agitam os sistemas políticos e econômicos em todo o mundo. Com base nisso, recomendamos aos nossos leitores e aos nossos colegas historiadores a causa do que chamamos *o futuro público*: todos nós devemos nos compromissar com o grande quadro, atuando em conjunto, tarefa que, assim acreditamos, exige de nós que olhemos para trás, tanto quanto para a frente.

A história é uma espada de duplo corte, um que abre novas possiblidades para o futuro, e outro que esclarece o passado com seu alarido, suas contradições e suas mentiras. Na Conclusão sustentamos que a história oferece outros três instrumentos indispensáveis para olhar o passado, em conexão com o seu poder de distinguir o verdadeiro do falso quando falamos do passado e do presente. Esta capacidade de distinguir a verdade é parte do legado da análise micro-histórica, mas tem a ver igualmente com os problemas relativos aos *big data*; em ambos os casos, os historiadores tornaram-se adeptos do exame dos fundamentos das afirmações. Sustentamos que o poder que tem a história de liberar reside em última instância na explicação da origem das coisas, confrontando-as, de um lado, com os grandes processos e, de outro, com os pequenos acontecimentos, para ver o quadro em seu conjunto, reduzindo a massa de dados a uma versão breve e compartilhável. Recomendamos esses métodos a uma sociedade infestada de falsas ideias sobre o passado e que limitam nossas esperanças coletivas de futuro.

Nunca há problemas com o pensamento de curto prazo até o *short-termism* se tornar predominante numa crise. Consequentemente, como nunca antes, passou a ser tão vital a necessidade de nos tornarmos expertos na visão de longo prazo e de retornarmos à *longue durée*. Renovar a conexão entre passado e futuro, e utilizar o passado para pensar criticamente sobre o que está por vir, são os instrumentos de que agora precisamos. E os historiadores são os mais qualificados a fornecê-los.

CAPÍTULO I

Avançar olhando para trás:
o surgimento da *longue durée*

A História é a disciplina mais capacitada a olhar simultaneamente para trás e para a frente. Afinal de contas, os historiadores são mestres na observação da mudança no tempo. Pelo menos nos últimos quinhentos anos, eles têm, entre outras coisas, falado a verdade ao poder, têm sido reformadores e chefes de Estado e têm revelado à opinião pública os piores abusos praticados por instituições corruptas.[1] "Quanto mais se pode olhar para trás tanto mais se pode olhar para a frente", disse Winston Churchill, um mestre do poder político de meados do século XX, e também um prolífico historiador.[2]

A competência dos historiadores nas mudanças de longo prazo permite a eles contextualizar acontecimentos e processos que outros talvez considerem como muito antigos para serem postos em discussão, ou muito vastos para suscitar a curiosidade de examiná-los. Contudo, para os historiadores, a formação dos costumes e dos hábitos das instituições aparecem sob uma luz diversa. Preferências e hábitos mudam igualmente de geração em geração e ambas sofrem no curso dos séculos reformas completas.[3] Os historiadores concentram-se na

---

[1] Michel de Certeau, *The Writing of History*, tradução de Tom Conley (Nova York, 1988).

[2] Winston Churchill, brinde ao Royal College of Physicians (2 mar. 1944): "Prime Minister Among the Physicians", *The Lancet*, v. 243, p. 344, 11 mar. 1944; Peter Clarke, *Mr Churchill's Profession: Statesman, Orator, Writer* (Londres, 2012).

[3] Por exemplo, Richard L. Bushman, *The Refinement of America: Persons, Houses, Cities* (Nova York, 1993); Norbert Elias, *The Civilizing Process: Sociogenetic and Psychogenetic Investigations*, tradução de Edmund Jephcott, ed. rev. (Oxford, 2000).

questão do como: quem operou a mudança e como podemos estar certos de que foram eles os agentes? Essa análise da causalidade, da ação e das consequências faz dos historiadores especialistas na observação da mudança que tem lugar ao nosso redor.

Os historiadores têm uma capacidade especial para desestabilizar conhecimentos recebidos, questionando, por exemplo, se os próprios conceitos que utilizam para compreender o passado não estão já superados.[4] Eles aprendem a argumentar sobre essas mudanças por meio da narração, a unir explicação e compreensão, a combinar o estudo do particular, do específico e do único com o desejo de encontrar padrões, estruturas e regularidades: vale dizer, aprendem a combinar aquilo que o filósofo alemão das ciências sociais, Wilhelm Windelband, denominou o "ideográfico" e o "nomotético", as tendências ao particular e ao geral que na criação do conhecimento ele associou, respectivamente, às humanidades e às ciências.[5] Atualmente nenhum historiador está à procura de leis nos registros do passado, mas sempre esperamos alcançar algum nível de generalidade em nossas tentativas de enquadrar os acontecimentos e os indivíduos em padrões culturais mais amplos. Combinando os procedimentos e as aspirações das humanidades e das ciências sociais, a história tem um direito especial (embora não exclusivo) à pretensão de ser uma *ciência humana crítica*: não uma simples coleção de narrativas ou uma fonte de afirmação para o presente, mas um instrumento de reforma e um meio para delinear futuros alternativos.

Na última geração, os historiadores refletiram com afinco sobre um outro elemento de seus estudos, o espaço, e sobre como estender seu trabalho para áreas sempre mais vastas, ultrapassando o Estado-nação que se constituiu no quadro de referência dos estudos históricos desde o século XIX; voltando sua atenção aos continentes, aos oceanos, às conexões inter-regionais, até chegar por fim a enquadrar o planeta inteiro como parte de uma historia "mundial" ou "global". O esforço para transcender a história nacional tornou-se agora quase um clichê,

---

[4] Quentin Skinner, "Meaning and Understanding in the History of Ideas", *History and Theory*, v. 8, p. 3-53, 1969.

[5] Wilhelm Windelband, "Rectorial Address, Strasbourg, 1894", tradução de Guy Oakes, *History and Theory*, v. 19, p. 169-185, 1980.

na medida em que a maioria dos historiadores questiona os limites territoriais da historiografia tradicional. Muito mais nova, e potencialmente até mais subversiva, é a orientação visando a transcender as periodizações convencionais, adotada por um número sempre maior de historiadores que questionam a arbitrariedade das limitações temporais de seus estudos. A história *transnacional* está em plena moda; a história *transtemporal* ainda não entrou em voga.[6]

O tempo, em todas as suas dimensões, é o território especial do historiador. "Na verdade, o historiador nunca pode se ver livre do problema do tempo na história: o tempo gruda no seu pensamento como a terra na enxada do jardineiro", escreveu Fernand Braudel na revista *Annales*, no histórico artigo de 1958, no qual lançou a expressão "*longue durée*".[7] Braudel fez uma profunda reflexão sobre os muitos tipos de tempo – as múltiplas temporalidades, poder-se-ia dizer – nos quais vivem os seres humanos. Seu aforismo capta um aspecto que é indispensável ao trabalho do historiador, mas não ao dos seus colegas das humanidades e ciências sociais. Os historiadores nunca podem se desprender do elemento tempo. Ele obstrui e impõe uma direção aos nossos estudos; mas também os define. É a terra na qual cavamos, o elemento do qual a própria história emerge.[8]

A expressão *longue durée* surgiu de uma crise, uma "crise geral das ciências humanas", como disse Braudel. À luz dos debates atuais sobre o futuro das humanidades e das ciências sociais, a natureza da crise aparece-nos familiar sob certos aspectos: uma explosão de conhecimentos, acompanhada por uma proliferação de dados; uma preocupação geral com relação aos limites entre as disciplinas; a percepção da pouca cooperação entre pesquisadores em campos contíguos de estudo; os lamentos pelo aperto sufocante por parte de "um humanismo retrógrado e insidioso" (*un humanisme rétrograde, insidieux*) – tudo isso poderia ter seus equivalentes contemporâneos. Braudel

---

[6] David Armitage, "What's the Big Idea? Intellectual History and the Longue Durée", *History of European Ideas*, v. 38, p. 493-507, 2012.

[7] Fernand Braudel, "History and the Social Sciences: The Longue Durée" (1958), *in Braudel, On History*, tradução de Sarah Matthews (Chicago, 1982), p. 47.

[8] William H. Sewell, Jr, *Logics of History: Social Theory and Social Trans-formation* (Chicago, 2005).

lamentava-se por terem as outras ciências humanas negligenciado a contribuição específica da história para a solução da crise e que ia ao coração da realidade social que para ele constituía o ponto central de toda investigação humana: "a oposição entre o instante e o tempo que escorre lentamente" (*cette opposition... entre l'instant et le temps lent à s'écouler*). Entre esses dois polos situam-se as escalas de tempo convencionais, usadas na narrativa histórica e pelos historiadores sociais e da economia: intervalos de dez, vinte, cinquenta anos no máximo. Contudo, argumentava Braudel, as histórias das crises e dos ciclos assim abordadas obscureceram as regularidades e continuidades mais profundas subjacentes aos processos de mudança. Era essencial voltar a atenção para um horizonte temporal distinto, para uma história medida em séculos ou em milênios: "a história de longa, até mesmo de longuíssima duração" (*l'histoire de longue, même de très longue durée*).[9]

A ambição de Braudel e de muitos outros historiadores do grupo dos *Annales*, que o seguiram em sua busca, era encontrar na *longue durée* a relação entre ação humana e meio ambiente. Ao proceder dessa maneira, eles retomavam uma tendência visível em obras de história dos séculos XVIII e XIX – e na verdade de muito antes – ao presumir que o trabalho do historiador deveria abranger centenas de anos, ou ao menos algumas décadas. Na busca para tornar essas tentativas precedentes ainda mais rigorosas, na verdade falsificáveis, por meio da aquisição de elementos quantitativos e da mensuração da mudança, os modos de conceber a *longue durée* não permaneceram imutáveis. Para Braudel, a *longue durée* era apenas um elemento, não exclusivo, de uma hierarquia de temporalidades entrecruzadas que estruturavam a história humana por inteiro. Tornou-se clássica sua descrição dessas escalas temporais no prefácio de sua obra-prima, *La Méditerranée et le Monde méditerranéen à l'époque de Philippe II*, publicada em 1949, em que se narram sucessivamente três histórias: uma história quase imóvel (*une histoire quasi-immobile*) dos seres humanos em seu ambiente físico; outra de ritmo lento (*lentement rythmée*), a dos Estados, das sociedades e das civilizações; e uma terceira história,

---

[9] Fernand Braudel, "Histoire et Sciences sociales. La longue durée", *Annales. Histoire, Sciences sociales*, v. 13, p. 725-753, 1958.

mais tradicional, a dos acontecimentos (*l'histoire événementielle*), das "oscilações breves, rápidas e nervosas".[10] Muitas das características da *longue durée* permaneceram apropriadamente estáveis nas explicações de Braudel: tratava-se de um tempo geográfico, mas não geológico; se nesse nível a mudança era perceptível, esta era cíclica mais do que linear; era fundamentalmente estática e não dinâmica; e subjacente a todas as outras formas de movimento e de atividade.

Braudel contrapôs a *histoire événementielle* à *longue durée* não porque a primeira somente podia tratar do efêmero – da "espuma" e dos "vaga-lumes", como manifestamente desprezou no livro – mas porque era uma história ligada em demasia aos acontecimentos. Desse ponto de vista, assemelhava-se ao trabalho dos economistas contemporâneos, que ele acusava de terem subordinado seu trabalho aos assuntos correntes e aos imperativos da governabilidade de curto prazo.[11] Uma abordagem histórica tão míope, amarrada ao poder e centrada no presente, fugia à explicação e era alérgica à teoria: na visão de Braudel, ela carecia tanto de distanciamento crítico quanto de consistência intelectual. Sua solução para todas as ciências sociais consistia em retornar aos modelos e problemáticas mais antigas, por exemplo, ao tratamento "genial" dado por Marx ao capitalismo mercantil, criando os primeiros verdadeiros modelos sociais baseados na *longue durée* histórica (*vrais modèles sociaux, et à partir de la longue durée historique*). Em suma, havia cinquenta anos que o próprio Braudel recomendava uma volta à *longue durée*.[12]

Por volta de 1958, a relação cada vez mais antagônica de Braudel com as outras ciências humanas, e não menos com a antropologia estrutural de Claude Lévi-Strauss, levou-o a examinar uma maior variedade de estruturas na perspectiva da *longue duré*. Essa expressão era uma novidade no léxico histórico quando Braudel a adotou no seu artigo seminal, mas não era nova de tudo: já no século XIX, na França, historiadores do direito patrimonial trataram seu objeto em termos de

---

[10] Fernand Braudel, "Préface" (1946), *in La Méditerranée et le Monde méditerranéen à l'époque de Philippe II* (Paris, 1949), p. xiii.

[11] Uma acusação imediatamente refutada por Witold Kula, "Histoire et économie. La longue durée", *Annales. Histoire, Sciences sociales*, v. 15, p. 294-313, 1960.

[12] Braudel, "Histoire et Sciences sociales", p. 735 e p. 751.

longue durée, tratados de medicina falavam de doenças crônicas como de longa duração, sociólogos tinham estudado o desemprego no longo prazo (*chômage de longue durée*) e a frase era familiar aos economistas que se ocupavam dos ciclos econômicos.[13]

A adoção da expressão por parte de Braudel retomava esses usos precedentes não apenas para tratar das condições imutáveis e imóveis do quadro histórico, mas também das *longues durées* da cultura, como a civilização latina, o espaço geométrico, ou a concepção aristotélica do universo, que se somavam aos meios físicos, aos regimes agrícolas duradouros, etc. Essas eram criações humanas que também exibiam mudanças e rupturas em momentos de invenção e de afirmação de novas visões de mundo ou tradições. Estas tinham uma duração certamente maior que a dos ciclos econômicos, mas eram significativamente mais breves do que as formas de mutação imperceptíveis das montanhas e dos mares, ou dos ritmos do nomadismo e da transumância. Essas *durées* não demasiadamente longas, podiam ser mensuradas em séculos e ser discerníveis à mente humana e não apenas nas paisagens naturais e nas interações humanas com elas.

Braudel admitiu que suas primeiras reflexões sobre a *longue durée* haviam surgido da experiência depressiva vivida como prisioneiro de guerra na Alemanha em 1940-1945. Tinham sido em parte uma tentativa de escapar dos ritmos da vida de confinamento, mantendo a esperança graças à consideração de uma perspectiva mais ampla – daí, paradoxalmente, seu frequente recurso ao imaginário prisional em suas exposições sobre a *longue durée*.[14] Quando, em 1958, teorizou

[13] Ver, por exemplo, Eugène Garsonnet, *Histoire des locations perpétuelles et des baux à longue durée* (Paris, 1878); Victor Lemaitre, *Considérations sur la paralysie générale de longue durée* (Paris, 1879); Gaston Imbert, *Des mouvements de longue durée Kondratieff*, 3 v. (Aix-en-Provence, 1956).

[14] Peter Burke, *The French Historical Revolution: The Annales School, 1929-1989* (Oxford, 1990), p. 33; Paule Braudel, "Braudel en captivité", in Paul Carmignani (Org.), *Autour de F. Braudel* (Perpignan, 2001), p. 13-25; Peter Schöttler, "Fernand Braudel als Kriegsgefangener in Deutschland'", *in* Peter Schöttler (Org.), *Fernand Braudel, Geschichte als Schlüssel zur Welt. Vorlesungen in Deutscher Kriegsgefangenschaft 1941*, (Stuttgart, 2013), p. 187-211. As conferências de Braudel nos *campi* foram reconstruídas como "L'Histoire, mesure du monde" (1941-1944), *in* Roselyne de Ayala e Paule Braudel (Orgs.), *Fernand Braudel, Les ambitions de l'Histoire* (Paris, 1997), p. 13-18.

sobre a *longue durée*, havia-se convencido de seu caráter fundamental em qualquer abordagem interdisciplinar e que oferecia a única maneira de escapar do presentismo do pós-guerra. Suas motivações imediatas foram tanto de ordem institucional quanto intelectual. Não muito antes da publicação do artigo, Braudel havia assumido seja a direção editorial dos *Annales*, seja a presidência da famosa VI Secção da École Pratique des Hautes Études, ambas em substituição a Lucien Febvre, falecido em 1956. Ele tinha que justificar não apenas a existência da história como disciplina, mas também sua primazia com relação às outras ciências sociais, particularmente a economia e a antropologia. Nesse contexto competitivo, no qual estavam em jogo prestígio e financiamentos, tanto quanto orgulho profissional, utilizou "sua melhor carta... que lhe permitiu reivindicar para a História o papel de unificadora das ciências humanas, em oposição às matemáticas".[15]

Esta agenda também se encaixava à perfeição com o surgimento na França da futurologia – contraparte da *longue durée* mas voltada ao futuro – que Gaston Berger, amigo de Braudel, estava promovendo na condição de diretor-geral do ensino superior, ao mesmo tempo que dava seu apoio à VI Secção e se empenhava na criação da Maison des Sciences de l'Homme, cuja direção logo seria assumida pelo próprio Braudel. Nessa época, dos dois lados do Atlântico, o futuro era objeto de interesse tanto quanto o passado, e na verdade as duas perspectivas – em termos de financiamento, prestígio e peso institucional no campo das ciências humanas – estavam estreitamente conectadas.[16] A historiografia moderna fora forjada para contar aos Estados-nações revolucionários da Europa do século XIX para onde se dirigiam;

[15] Giuliana Gemelli, *Fernand Braudel e l'Europa universale* (Veneza, 1990), p. 246-300; Maurice Aymard, "La longue durée aujourd'hui. Bilan d'un demi-siècle (1958-2008)", *in* Diogo Ramada Curto, Eric R. Dursteller, Julius Kirshner e Francesca Trivellato (Orgs.), *From Florence to the Mediterranean and Beyond: Essays in Honour of Anthony Molho*, 2 v. (Florença, 2009), v. 2, p. 559-560 (citado).

[16] Fernand Braudel, "Gaston Berger, 1896-1960", *Annales. Histoire, Sciences sociales*, v. 16, p. 210-211, 1961; *Gaston Berger, Phénoménologie du temps et prospective* (Paris, 1964); Gemelli, *Fernand Braudel e l'Europa universale*, p. 301-362; Jenny Andersson, "The Great Future Debate and the Struggle for the World", *American Historical Review*, v. 117, p. 1417-1418, 2012.

no século XX estava sendo redefinida para contar ao mundo o que sucederia depois do desaparecimento da nação.

★★★

Esta orientação para a ação prática e para o futuro não constitui certamente um aspecto recente na escrita da história. Na verdade, tem sido desde a época clássica uma característica de amplos setores da tradição histórica do Ocidente. A ideia segundo a qual a história é "filosofia ensinada por meio de exemplos" é antiga; tal como é antigo seu intento de proporcionar conselhos práticos aos seus leitores. O historiador grego Tucídides, por exemplo, inicia sua *História da Guerra do Peloponeso* entre atenienses e espartanos com a crença de que sua história poderia ser útil, e o seria, por ser a própria natureza humana imutável: os testemunhos do passado poderiam, portanto, revelar-se certamente úteis para o futuro. Os historiadores romanos foram talvez menos convictos da durabilidade da natureza humana num mundo corrupto, mas suas obras eram com frequência políticas em pelo menos dois sentidos: procuravam oferecer preceitos morais aos que estavam investidos de responsabilidade oficial; seus autores foram com frequência políticos que, aposentados da função política ou militar, passaram a refletir sobre suas próprias ações ou sobre a dos seus concidadãos.

Nesse sentido, a história era o que o orador e filósofo Cícero denominou *magistra vitae*: um guia para a vida.[17] E conservou essa aspiração e essa autoridade até pelo menos o início do século XIX – por um período de dois mil anos ao longo do qual o passado foi considerado um guia inestimável para o futuro. E tal se deu também porque os romanos narraram histórias de longo prazo de seu Estado (frequentemente enquadradas em termos de declínio moral) e nisso foram seguidos pelos historiadores da Igreja como Eusébio e Santo Agostinho, que narraram a história do contínuo desenvolvimento

---

[17] Cícero, De Oratore, II, 36: "*Historia vero testis temporum, lux veritatis, vita memoriae, magistra vitae, nuntia vetustatis, qua voce alia nisi oratoris immortalitati commendatur?*" ("A história, na verdade, testemunha dos tempos, luz da verdade, vida da memória, mestra da vida, mensageira da antiguidade, com que palavra a não ser a do orador, será confiada à eternidade?").

de uma comunidade de fé, no caso deste último como a história de uma cidade paralela à de Roma, a Cidade de Deus (*Civitas Dei*) – a Igreja invisível de todos os crentes – em sua peregrinação através de um mundo corrompido. Na Idade Média europeia, deu-se que as histórias das comunidades específicas – religiosas como as abadias, ou seculares, como as cidades – foram contadas abrangendo longos períodos de tempo, na medida em que a micro-história de um lugar ou de uma população relativamente pequena estendia-se por décadas ou mais frequentemente por séculos ao longo do arco temporal traçado pelas séries dos anais.[18]

Aquilo que consideramos a historiografia ocidental moderna começou com o desejo de dar forma ao presente e ao futuro de acordo com os modelos clássicos. As histórias civis do Renascimento e os manuais chamados espelhos dos príncipes, escritos por historiadores-conselheiros como Nicolau Maquiavel, retomavam exemplos do passado – frequentemente do passado romano, a exemplo dos seus *Discursos sobre a Primeira Década de Tito Lívio* – como guias para a ação política quer nos regimes principescos quer nos republicanos e escritos tanto para o governante (como *O Príncipe*) quanto para os cidadãos (como os *Discursos*). Muitas dessas obras narravam histórias da fundação e das vicissitudes de cidades específicas, ampliando a seguir seu olhar até abranger as primeiras comunidades nacionais e, consequentemente, histórias da Europa, de seus impérios, e, enfim, na altura do século XVIII, a história do mundo inteiro.

No século XIX, especialmente na esteira da Revolução Francesa, a escrita da história tornou-se um instrumento sempre mais importante do debate político, com personalidades políticas de primeiro plano tanto na França (por exemplo, François Guizot, Adolphe Thiers e Jean Jaurès) quanto na Grã-Bretanha (Thomas Babington Macaulay e Lord John Russell, por exemplo) escrevendo histórias de seu próprio passado revolucionário com a intenção de plasmar seus futuros nacionais. Foi também nesse século que "a velha tradição da 'história pragmática' [...] pôde ser renovada para dar suporte à ideia segundo a qual a história era útil à educação dos estadistas e dos funcionários

---

[18] John Burrow, *A History of Histories: Epics, Chronicles, Romances and Inquiries from Herodotus and Thucydides to the Twentieth Century* (Londres, 2007), p. 163-164.

públicos", nas palavras do falecido J. R. Seeley, *Regius Professor* [professor régio] de História em Cambridge em fins da época vitoriana.[19] Suas ideias do passado como fonte de conselhos para a política futura foram pragmaticamente assumidas pelas instituições governamentais, financeiras e militares, a tal ponto que textos de história, como *The Influence of Sea Power upon History, 1660-1783*, de Alfred Thayer Mahan (1890), tornaram-se por décadas manuais de estratégia militar nos colégios navais dos Estados Unidos, Alemanha e Japão.[20] Dessas matrizes derivaram outras investigações históricas de longo prazo: por exemplo, as pesquisas de ampla envergadura temporal da escola dos *Annales*, e da historiografia engajada de orientação reformista no curso de grande parte do século XX. É para esses desenvolvimentos que nos voltaremos agora, para ilustrar a ascensão da *longue durée*, antes de descrever nos próximos capítulos sua retração e seu posterior retorno.

★★★

As visões de longo prazo sobre o passado permaneceram vinculadas à ação política e às discussões públicas sobre o futuro, daí porque continuaram em voga. Os historiadores dos anos sessenta e setenta do século passado – e antes deles Alfred Thayer Mahan – dependiam dos *policy-makers* como sua audiência, o que os induziu a continuar privilegiando uma perspectiva geral. Com efeito, pelo menos num importante subsetor – o da história militar – os historiadores permaneceram vinculados às escolas militares e aos colégios navais que os encarregavam da instrução dos futuros generais em matéria de estratégias e de relações internacionais.[21] Por essa razão, a história militar

---

[19] Burrow, *A History of Histories*, p. 366, p. 426; Deborah Wormell, *Sir John Seeley and the Uses of History* (Cambridge, 1980), Capítulo 4, "School of Statesmanship".

[20] Alfred Thayer Mahan, *The Influence of Sea Power Upon History, 1660-1783* (Boston, 1890); Mark Russell Shulman, "The Influence of Mahan upon Sea Power", *Reviews in American History*, v. 19, p. 522-527, 1991.

[21] John Keegan, *The Face of Battle* (Londres, 1976); Peter Paret, Gordon A. Craig e Felix Gilbert (Orgs.), *Makers of Modern Strategy: From Machiavelli to the Nuclear Age* (Princeton, NJ, 1986); John Keegan, *A History of Warfare* (New York, 1993); Allan D. English (Ed.), *The Changing Face of War: Learning from History* (Montreal, 1998); Azar Gat, *A History of Military Thought: From the Enlightenment to the Cold War* (Oxford, 2001); Jo Guldi, "The Uses of Planning and the Decay of Strategy",

permaneceu um dos últimos postos avançados da história de longo prazo num mundo dominado pela ótica do curto prazo.[22] Leitores que se preocupam com o futuro podem se contentar com os detalhes particulares de uma biografia ou de uma batalha, mas o generais e outros estrategistas necessitam dos grandes quadros sobre mudanças que levam séculos para se manifestar por completo. Não é, pois, uma simples coincidência que, no século XVIII, os escritos militares estivessem entre as primeiras fontes das análises contrafactuais, quando os estudiosos de estratégia simulavam múltiplas possibilidades, ou, que o primeiro romance contrafactual, em 1836, tivesse por tema Napoleão e a "conquista do mundo".[23]

Também os reformadores e os revolucionários precisaram dos grandes quadros históricos. Gerações inteiras de reformadores políticos valeram-se da história para revisitar o passado, alguns deles, radicais, valeram-se de certas alternativas e hipóteses contrafactuais do passado para um repensar revolucionário sobre instituições democráticas, raça e direito de propriedade. Na esteira de uma tradição que remonta a Karl Marx, historiadores do século XX de todas as partes do mundo continuaram a escrever sobre a natureza mutável dos Estados, das burocracias e dos movimentos populares, formulando ousadas previsões sobre o desenvolvimento dos acontecimentos a longo prazo. A desigualdade econômica e o papel do Estado estiveram no centro de uma das mais ambiciosas tentativas de que se tem notícia de olhar o passado para prefigurar o futuro. É bem conhecida a versão de Marx da história como luta de classes, mas temos esquecido dos não poucos historiadores que vieram depois dele e que pensaram que a história da desigualdade demonstrava com clareza o dever dos reformadores de corrigir a ação do governo em sistemas econômicos que não

---

Contemporary Security Policy, v. 27, p. 209-236, 2006; Williamson Murray, *War, Strategy, and Military Effectiveness* (Cambridge, 2011); Hew Strachan, *The Direction of War: Contemporary Strategy in Historical Perspective* (Cambridge, 2013).

[22] Williamson Murray e Richard Hart Sinnreich (Orgs.), *The Past as Prologue: The Importance of History to the Military Profession* (Cambridge, 2006).

[23] Louis Geoffroy, *Napoléon apocryphe, 1812-1832: histoire de la conquête du monde & de la monarchie universelle* (Paris, 1836); Catherine Gallagher, "What Would Napoleon Do? Historical, Fictional, and Counterfactual Characters", *New Literary History*, v. 42, p. 323-325, 2011.

oferceiam oportunidades adequadas aos pobres. Por exemplo, Sidney e Beatrice Webb, dois radicais do socialismo de Estado do final do século XIX, que se tornaram historiadores para promover a mudança nas instituições de seu tempo. Nos onze volumes que dedicaram à história do governo inglês, eles examinaram a longa história das instituições como um guia para indicar futuras reformas, demonstrando a continuidade histórica da assistência aos pobres e da manutenção das estradas desde a época Tudor até o passado mais recente quando, segundo eles, o capitalismo levara à renúncia da responsabilidade mútua entre ricos e pobres.[24] Os volumes dos cônjuges Webb foram o fruto de um trabalho em arquivos e fontes secundárias, de uma intensidade tão impressionante que, décadas depois, Gertrude Himmelfarb se perguntou "como lhes havia sobrado tempo para a atividade política". Seus livros foram um elemento fundamental da influência exercida pelos fabianos na educação política e nos movimentos políticos não apenas na Grã-Bretanha, mas no mundo inteiro.[25]

Este programa de história proporcionou o plano de ação e a compreensão para um governo adequado a uma Grã-Bretanha em mudança. Na perspectiva dos Webb, a mensagem que se podia extrair da história era que a responsabilidade entre as classes representava uma constante das sociedades éticas, mas que a cada geração as instituições deveriam ser reinventadas pelas partes concernentes. Essas reinvenções, segundo eles, tendiam a tomar a forma de uma cooperação entre entidades regionais cada vez mais amplas, de maneira que a forma de governo tendia a se ampliar, primeiro do governo local ao regional e depois deste ao governo nacional e ao internacional, estendendo os benefícios da democracia dos locais isolados para o mundo inteiro.

A reflexão política dos Webb, como a de muitos outros contemporâneos, ancorava-se numa compreensão particular da mudança histórica. O pensamento progressista de Comte, Spencer e Darwin, sugeriu-lhes a importância da evolução no tempo, tanto das instituições e das culturas quanto dos organismos, ao passo que as influências

---

[24] Sidney e Beatrice Webb, *English Local Government*, 11 v. (Londres, 1906-1929).
[25] Gertrude Himmelfarb, "The Intellectual in Politics: The Case of the Webbs", *Journal of Contemporary History*, v. 6, p. 3, 1971.

de caráter legalista como as de Theodor Mommsen, Henry Maine e J. F. McLennan ensinou-lhes a respeito da realidade histórica do irreconciliável conflito entre interesses pelo controle das instituições e a maneira pela qual reformas realizadas em sucessivas gerações mudaram o próprio direito, abolindo a escravidão, ou práticas como o roubo de esposas e o infanticídio feminino.[26] Contudo, a esse entendimento formal sobre a influência do passado no futuro, Sidney Webb adicionou sua própria compreensão histórica da importância dos movimentos sociais e dos despertares éticos, aos quais se referia como as "mudanças orgânicas" da vida política.[27] Nessa visão da história, conhecer o passado não era útil apenas para prever o futuro; era também uma precondição necessária para tomar decisões éticas sobre como governar uma sociedade.

Os estudos históricos dos Webb eram motivados em partes iguais por uma maneira de entender a história e por uma ativa vida política com vistas a um mundo melhor. Ambos, marido e mulher, se engajaram em campanhas de imprensa, de propaganda eleitoral e de mobilização política para, juntamente com outros socialistas fabianos, promover programas tão revolucionários como o fornecimento gratuito de água potável às famílias pobres de Londres. Sidney Webb foi deputado por Seaham, depois membro da Câmara dos Lordes e secretário de Estado para as Colônias e Domínios no segundo governo trabalhista de Ramsay MacDonald. Talvez, o programa mais influente elaborado pelos cônjuges Webb foi o "London Programme", que estendia a ação governamental a todos os aspectos relativos à habitação, transportes e serviços hídricos da capital – serviços hoje considerados parte essencial de uma cidade moderna.[28] Foi sua abordagem ética sobre como conceber uma cidade, baseada num profundo confronto com a história, que permitiu aos Webb e aos seus amigos convencer

---

[26] Adam Kuper, "The Rise and Fall of Maine's Patriarchal Society", *in* Alan Diamond (Org.), *The Victorian Achievement of Sir Henry Maine* (Cambridge, 1991), p. 100-110; C. Hill, "Sidney Webb and the Common Good: 1887-1889", *History of Political Thought*, v. 14, p. 591-622, 1993.

[27] Sidney Webb, "The Basis of Socialism: Historic", *in* George Bernard Shaw (Org.), *Fabian Essays in Socialism* (1889) (Londres, 1948), p. 29, p. 32, p. 46-47.

[28] Sidney Webb, *The London Programme* (Londres, 1891); Asa Briggs, *Victorian Cities* (Londres, 1963), p. 350-352.

os londrinos de que o suprimento de água da cidade para uso apenas de uns poucos não era uma maneira justa de administrá-la.[29]

No século XX, a *longue durée* (ainda que em geral não, obviamente, sob esse nome) foi um instrumento canônico na escrita de histórias revisionistas à serviço da reforma. Apesar de os Webb visarem a reformar o governo em nível municipal e nacional, seu sucesso inspirou historiadores com objetivos mais vastos em mente. R. H. Tawney, historiador do mundo camponês da Inglaterra na primeira modernidade, tornou-se um dos mediadores intelectuais entre Ocidente e China. Depois de pesquisar as lutas ocorridas na Inglaterra do século XVI entre comunidades de pastores orientadas à exportação e a de agricultores pobres orientados à subsistência, Tawney começou, na década de 1920, a considerar a luta pela terra cultivável como uma experiência de dimensão internacional que dizia respeito aos camponeses pobres do mundo todo. Com base num profundo conhecimento de história econômica, ele começou a compreender os precedentes das lutas modernas contra os senhores de terra na era do capitalismo avançado e da reforma agrária internacional.[30]

Na verdade, a carreira de Tawney exemplifica o ativismo programático do pensamento de longo prazo dos historiadores dessa geração. Enviado à China pelo Institute of Pacific Relations em 1931, escreveu uma história agrária desse país que soava estranhamente familiar às suas histórias da Inglaterra, onde no drama entre senhores de terra e camponeses emergia o eixo fundamental da história e se evidenciava a necessidade imediata de uma racional reforma agrária.[31] Desse modo, a história permitia que os argumentos de Tawney, tão pertinentes à Grã-Bretanha do *People's Budget* e da *Land Reform*, sob o governo Lloyd George, se generalizassem mundialmente. Assim, uma verdade universal da dinâmica de classes ligadas à terra, narrada como uma história de *longue durée*, vista através de lentes elaboradas por Marx e por Henry George, o político e economista norte-americano,

---

[29] John Broich, *London: Water and the Making of the Modern City* (Pittsburgh, 2013).

[30] R. H. Tawney, *The Agrarian Problem in the Sixteenth Century* (Londres, 1912).

[31] R. H. Tawney, *A Memorandum on Agriculture and Industry in China* (Honolulu, 1929); Tawney, *Land and Labour in China* (Londres, 1932); Lawrence Goldman, *The Life of R. H. Tawney: Socialism and History* (Londres, 2013), p. 147.

propositor de uma reforma do imposto fundiário, poderia ser aplicada a específicas tradições nacionais e sua verdade testada em vários contextos e sustentada por argumentos convincentes. Essas aplicações diferiam muito daquelas que posteriormente Braudel viria criticar entre os seus próprios contemporâneos acusando-as de serem excessivamente presentistas, acríticas com relação ao poder e evasivas sobre questões fundamentais relativas à causalidade e à explicação histórica. A história de longa amplitude era uma ferramenta para dar conta das instituições modernas, para tornar compreensíveis os projetos utópicos e, concebíveis para a sociedade, os programas revolucionários.

A *longue durée* era também atrativa aos que estavam muito interessados em mudança política, mas pouco em instituições. As numerosas obras publicadas por E. J. Hobsbawm, nos anos cinquenta e sessenta do século passado, contextualizavam fenômenos em escala internacional como as ocupações camponeses de terras, os movimentos marxistas, as ocupações e os errantes anarquistas, compreendidos no amplo grupo do que ele chamou de "rebeldes primitivos". Sua argumentação refutava a afirmação segundo a qual os movimentos estudantis espontâneos de sua época – como o American Student Nonviolent Coordinating Committee, ou os movimentos pós-coloniais argelinos, palestinos ou cubanos – representavam fracassos históricos por carecerem de relação formal com um organismo marxista internacional. Hobsbawm mostrava, pelo contrário, como os movimentos populares espontâneos – que criticavam os limites do capitalismo e reivindicavam a extensão dos benefícios da democracia a todos os excluídos – haviam anunciado as revoluções desde o início do período moderno e se originado não de doutrinas ou partidos específicos, mas do senso comum popular. A implicação disso era que os movimentos populares do pós-guerra deveriam ser objeto do mesmo reconhecimento, estivessem ou não comprometidos com – e moderados por – uma visão constitucionalista de estilo norte-americano, soviético ou europeu.[32]

Nas décadas de setenta e oitenta do século passado, Hobsbawm continuou sendo um teórico da mudança política de longo prazo,

---

[32] E. J. Hobsbawm, *Labouring Men: Studies in the History of Labour* (Londres, 1965); Hobsbawm, *Primitive Rebels: Studies in Archaic Forms of Social Movement in the 19th and 20th Centuries* (Londres, 1965); Hobsbawm, *The Age of Revolution: Europe 1789-1848* (Londres, 1962).

defendendo com vigor o uso libertador da história, concebida como um repertório de precedentes do passado com vistas à mudança no presente. Considerava positivamente a obra do norte-americano Lewis Mumford e de outros estudiosos de reformas urbanas, que estavam então traçando paralelos entre a derrubada à força das típicas favelas da época vitoriana e a derrubada das modernas favelas na época da construção das grandes artérias viárias. Ao mesmo tempo, argumentava com igual vigor contra o uso de narrativas históricas reducionistas para fins políticos, como por exemplo os movimentos conservadores que olhavam ingenuamente para o passado à procura de uma era moralmente superior.[33]

O uso da história para aconselhar a política contemporânea, como exemplificada por Tawney, os Webb e Hobsbawm, estava longe de ser a única. Por todo o mundo apareceram versões reformadas de histórias nacionais que ofereciam um novo sentido de pertencimento e de reforma a uma política progressista. Nos Estados Unidos, Charles Beard e Arthur Schlesinger Sr., produziram histórias de *longue durée* sobre a identidade norte-americana, repensando o país não em termos de centralidade racial e sim de pluralismo racial. A maior parte dos historiadores norte-americanos associados ao projeto de reforma e crítica política à partir da esquerda, inclui com destaque o Departamento de História da Universidade de Wisconsin na década de 1950, onde Merle Curti escreveu historias de *longue durée* sobre resistência passiva, políticas de paz e democracia.[34]

Na Grã-Bretanha, os historiadores de orientação radical reconsideraram a importância do planejamento urbano em benefício dos pobres à luz das expropriações das terras camponesas no início da Europa moderna. Outros historiadores contribuíram na formulação

---

[33] E. J. Hobsbawm, "The Social Function of the Past: Some Questions", *Past & Present*, v. 55, p. 3-17, 1972; Hobsbawm, *On History* (Nova York, 1997); Hobsbawm, *On the Edge of the New Century* (Londres, 2000); Hobsbawm, *On Empire: America, War, and Global Supremacy* (Londres, 2008); Gregory Elliott, *Hobsbawm: History and Politics* (Londres, 2010).

[34] Charles Beard, *American Government and Politics* (Nova York, 1910); Charles Beard e Mary Beard, *The Rise of American Civilization* (New York, 1928); Merle Curti, *The American Peace Crusade, 1815-1860* (Durham, NC, 1929); Curti, Peace or War: The American Struggle (Nova York, 1936).

de reformas governamentais visando a inspirar futuros reformadores. O pecado original do capitalismo, na ótica de historiadores como John e Barbara Hammond, W. G. Hoskins, Maurice Beresford e Karl Polanyi, precisava ser corrigido, e o seu modo de interpretar o passado ajudou-os a recomendar políticas de bem-estar, assistência à saúde, parques e habitação, como bens de primeira necessidade que o capitalismo havia retirado dos pobres e que o governo deveria novamente prover.[35]

Também no mundo pós-colonial, entre 1920 e 1960, a reflexão histórica sobre o passado constituiu uma precondição natural para olhar o futuro. Novas histórias nacionais vieram à luz, com destaque para as de C. L. R. James e V. D. Savarkar, explicando a longa trajetória das contrastadas rebeliões que conduziram à independência nacional, e visando a específicas reformas igualitárias, por exemplo a redistribuição das terras, como um critério para completar esse legado. Em Gana e na Índia, até os primeiros-ministros tornaram-se historiadores (em Trinidad Tobago, um historiador – Eric Williams – tornou-se depois primeiro-ministro), como uma intuição de que o passado profundo contribuía a orientar e dar confiança aos governantes dessas novas nações, bem como contribuía a estabelecer o sentido de continuidade constitucional com as tradições ocidentais que operavam lado a lado com os particularismos históricos herdados de conflitos étnicos seculares.[36]

Os historiadores não eram os únicos a olhar para trás para ver à frente. Houve teóricos políticos, como Hannah Arendt e Jürgen Habermas, que utilizaram testemunhos recolhidos ao longo de séculos para com eles tecer teorias de renovado vigor sobre democracia.[37]

---

[35] J. L. Hammond e Barbara Hammond, *The Village Labourer, 1760-1832: A Study in the Government of England before the Reform Bill* (Londres, 1911); Karl Polanyi, *The Great Transformation* (Nova York, 1944); W. G. Hoskins, *The Making of the English Landscape* (Londres, 1955); M. W. Beresford, *History on the Ground: Six Studies in Maps and Landscapes* (Londres, 1957).

[36] Jawaharlal Nehru, *Glimpses of World History* (Kitabistan, 1934); Vinayak Domodar Savarkar, *Six Glorious Epochs of Indian History* (Delhi, 1963); C. L. R. James, *State Capitalism and World Revolution* (Chicago, 1986); James, *The Future in the Present* (Londres, 1977).

[37] Hannah Arendt, *The Human Condition* (Chicago, 1958); Arendt, *The Origins of Totalitarianism* (Nova York, 1958); Arendt, *Between Past and Future: Six Exercises in Political Thought* (Nova York, 1961).

Lewis Mumford, o jornalista do planejamento urbano, considerou ser necessário tornar-se ele próprio um historiador de *longue durée* para poder explicar os perigos da descontrolada expansão suburbana ou da demolição de favelas na era do sistema de autoestradas interestatais – uma política do seu tempo que ele iluminou com a história da demolição das favelas e dos movimentos progressistas da era vitoriana. Seus levantamentos em escala global, particularmente em *Technics and Civilization*, incluíam complexas teorias de industrialização, processos de mecanização, de isolamento da classe operária e de disciplinamento do tempo que anteciparam as influentes teorias formuladas muitos anos depois por Michael Foucault e E. P. Thompson.[38]

Todos esses estudiosos olhavam para o passado com a esperança de melhor compreender o futuro para beneficiar um vasto público leitor e influenciar diretamente a formulação de políticas. Os manuais de Beard e de Schlesinger foram adotados em todos os Estados Unidos e conheceram múltiplas edições.[39] Mumford publicou centenas de escritos, frequentemente em forma de artigos curtos em revistas como *The New Republic*, *The New Yorker* e *Harper's Magazine*. Ele se tornou nos Estados Unidos uma das maiores figuras nos debates sobre raça e intervenção urbana, denunciando a política de demolição de favelas empreendida pelo urbanista Robert Moses na cidade de Nova York e proporcionando um quadro teórico ao ativismo associado à figura de Jane Jacobs.[40]

No clima gerado por esses debates, os historiadores profissionais viam a sua própria atividade como voltada em parte a uma audiência de funcionários públicos e cientistas sociais que utilizavam a perspectiva da *longue durée* como material para a reforma pública. De Tawney, nos

---

[38] Lewis Mumford, *The Story of Utopias* (Nova York, 1922); Mumford, *Technics and Civilization* (Nova York, 1934); Mumford, *The Culture of Cities* (Nova York, 1938); Thomas P. Hughes, *Lewis Mumford: Public Intellectual* (Oxford, 1990).

[39] Charles Beard, *American Government and Politics* (Nova York, 1910); Arthur Schlesinger, Sr., *Political and Social History of the United States, 1829-1925* (Nova York, 1925).

[40] Por exemplo, Lewis Mumford, "The Intolerable City: Must It Keep on Growing?", *Harper's Magazine*, v. 152, p. 283-293, 1926; Mumford, "Magnified Impotence", *New Republic*, v. 49, p. 138-140, 22 dez. 1926; Mumford, "The Sky Line: Bigger Slums or Better City?", *The New Yorker*, v. 26, p. 78-84, 24 jun. 1950.

AVANÇAR OLHANDO PARA TRÁS: O SURGIMENTO DA *LONGUE DURÉE*

anos 1930, à década de 1980, historiadores profissionais que escreviam sobre questões agrárias, no Ocidente como na Índia, adotaram a *longue durée* para politizar este material e levantar questões de maior amplitude sobre agentes institucionais e objetivos públicos. Seu trabalho acadêmico constituiu um diálogo entre a história profissional e as instituições da governança internacional, estendendo-se sobre séculos e com base em leituras aprofundadas de documentos específicos, acontecimentos e personagens, e nos resultados dos trabalhos de outros estudiosos na matéria. Para estudiosos que se formaram nas décadas de 1950 e 1960, a história de *longue durée* serviu de instrumento para persuadir burocratas e fazer política.

Os historiadores profissionais esperavam influenciar a política como atualmente poucos de seus colegas consideram possível, quer trabalhando com funcionários públicos quer com movimentos populares. Arthur Schlesinger Jr., colaborou de perto em questões políticas com o presidente norte-americano John Fitzgerald Kennedy. William Appleman Williams, autor de vários extensos volumes sobre história das relações internacionais dos Estados Unidos, elaborou com base em seus estudos de *longue durée* uma crítica dos perigos decorrentes do envolvimento dos Estados Unidos na Guerra Fria e que expôs à opinião pública numa série de ensaios nos quais instava os norte-americanos a agir politicamente; eles foram primeiramente publicados como artigos em *The Nation* e a seguir reunidos em volumes que foram amplamente lidos, elogiados e criticados no mundo acadêmico. (Ele recusou um posto na administração Kennedy).[41]

As instituições atuando no campo do desenvolvimento internacional voltavam-se para a história procurando um guia a serviço da liberdade, da independência, do crescimento econômico e da paz entre as nações do mundo. John Boyd Orr, por exemplo, fundador e diretor da FAO (Organização das Nações Unidas para a Alimentação e a Agricultura), começou sua carreira publicando uma história da fome que começava com a conquista da Bretanha por Júlio César e terminava com a melhoria das relações entre proprietários e

---

[41] William Appleman Williams, *The Tragedy of American Diplomacy* (Nova York, 1962); Kevin Mattson, *Intellectuals in Action: The Origins of the New Left and Radical Liberalism*, 1945-1970 (University Park, PA, 2002), p. 147-151, p. 159.

trabalhadores rurais decorrente do *Agricultural Act* de 1920.[42] Por volta dos anos 1960, historiadores econômicos como David Landes haviam redefinido o estudo da história da Revolução Industrial em apoio direto às políticas da Revolução Verde, que prometia um futuro de abundantes riquezas com base numa história marcada por invenções constantes.[43] E, na década de 1970, teóricos da reforma agrária – como o economista Elias Tuma e o geógrafo britânico Russell King, no âmbito de sua colaboração com organismos internacionais, voltaram-se à história de *longue durée*, sintetizando os resultados da pesquisa histórica e contextualizando as problemáticas atuais das reformas agrárias à luz das seculares lutas camponesas para o controle das terras fazendo-as remontar à Roma Antiga.[44]

Havia à disposição deles numerosas histórias que tratavam da política agrária baseadas na *longue durée*. Enquanto os fundadores das Nações Unidas debatiam sobre como intervir de maneira apropriada na parte Sul do Globo para conduzir o planeta a um futuro de paz e de ordem, seguidores de Henry George, ainda numerosos dos dois lados do Atlântico, voltaram-se para a *longue durée* visando a oferecer uma perspectiva histórica que via no monopólio dos grandes proprietários de terras o crime sinalizador da história moderna e na propriedade popular da terra o seu antídoto indispensável. Nos anos quarenta e cinquenta do século passado, apareceram obras históricas inspiradas na interpretação de George e que remontavam às tradições agrárias norte-americanas a partir de Thomas Jefferson. Seus autores se empenharam em trazer à luz a longa série de abusos cometidos pelos grandes proprietários e a

---

[42] John Boyd Orr, *A Short History of British Agriculture* (Londres, 1922). O livro permanece relativamente desconhecido, mas a visão historicamente derivada de Orr sobre como as instituições podem revolucionar a agricultura foi posta em prática em escala global pelas décadas seguintes por orgãos da ONU os quais ele ajudou a financiar.

[43] David Landes, *The Unbound Prometheus: Technological Change and Industrial Development in Western Europe from 1750 to the Present* (Londres, 1969); William J. Ashworth, "The British Industrial Revolution and the Ideological Revolution: Science, Neoliberalism and History", *History of Science*, 2014, DOI: 10.1177/0073275314529860.

[44] Elias H. Tuma, *Twenty-Six Centuries of Agrarian Reform: A Comparative Analysis* (Berkeley, 1965); Russell King, *Land Reform: A World Survey* (Londres, 1977).

AVANÇAR OLHANDO PARA TRÁS: O SURGIMENTO DA *LONGUE DURÉE*

necessidade de um governo popular para manter sob controle essas terras açambarcadas. Nesse mesmo espírito, Alfred Noblit Chandler publicou, em 1945, *Land Title Origins, A Tale of Force and Fraud*, uma história da expansão do poder dos capitalistas sobre a terra que remetia ao problema dos barões das ferrovias, que eram contemporâneos de Henry George, e ao poder que eles exerciam nos colégios públicos que recebiam fundos estatais – os assim chamados *"land-grand colleges"*, financiados pelo *Morril Act* de 1862.[45] De maneira similar, Aaron Sakolski publicou, em 1957, *Land Tenure and Land Taxation in America*, em que apresentava uma história intelectual da América do Norte baseada nas sucessivas emendas acrescentadas ao direito de propriedade, retomando a longa história dos debates sobre a propriedade da terra através dos escritos de Henry Maine, Fustel de Coulanges, F. W. Maitland, Paul Vinogradoff, Max Weber e G. R. Geiger.[46] Ele argumentava, em última instância, que as injunções que se faziam sentir sobre a propriedade da terra refletiam uma concepção de justiça, cujo núcleo era constituído por um conjunto de valores espirituais e religiosos com base nos quais o acesso à posse da terra refletia de maneira direta uma doutrina que considerava todos os seres humanos como iguais, fossem ricos ou pobres. "Os pais da Igreja cristã originária" – escreveu Sakolski – "estavam imbuídos das antigas tradições hebraicas e a sua concepção de justiça que se relacionava à posse da terra seguia as mesmas linhas".[47] Como tudo remontava aos tempos bíblicos, neles também poderiam ser achados os precedentes morais para desafiar a acumulação de capital por parte das elites rurais, e esses precedentes eram agora embalados para promover a ação legal em escala nacional e internacional.

Obras clássicas de historiadores sociais baseadas na *longue-durée*, como as de Tawney, que usaram seu profundo sentido do longo passado das instituições e dos movimentos para persuadir seus

---

[45] Alfred N. Chandler, *Land Title Origins: A Tale of Force and Fraud* (Nova York, 1945).

[46] George Raymond Geiger, *The Theory of the Land Question* (Nova York, 1936); Paolo Grossi, *An Alternative to Private Property: Collective Property in the Juridical Consciousness of the Nineteenth Century*, tradução de Lydia G. Cochrane (Chicago, 1981).

[47] Aaron M. Sakolski, *Land Tenure and Land Taxation in America* (Nova York, 1957), p. 13; comparar com Eric Nelson, *The Hebrew Republic: Jewish Sources and the Transformation of European Political Thought* (Cambridge, MA, 2010), p. 57-87.

leitores da necessidade da mudança social, estavam se convertendo em mãos de *think-tanks* e de ONGs no que poderia se chamar uma "*dirty longue durée*" ["longa duração impura"]. Assim, autores sem o devido conhecimento histórico, apoiados apenas em reduzidas evidências históricas, passaram a extrair conclusões exageradas sobre a tendência ao progresso. Eles raramente levaram em consideração fontes secundárias ou tradições precedentes ao pensar sobre o período ou os acontecimentos em questão. Passaram a recusar sem pestanejar abordagens marxistas ou de esquerda, oferecendo uma interpretação da história que coincidia vagamente com o pensamento do livre-mercado, da fé no progresso tecnológico e da abundância futura prometida pela engenhosidade ocidental. Há, naturalmente, precedentes mais antigos, desse uso impuro da *longue durée*, ligados a histórias de divulgação e ao seu papel na instrução popular, que remontam pelo menos ao livro de Charles Dupin, de 1825, *Commercial Power of Great Britain*, e às histórias populares da tecnologia publicadas na década de 1850.[48]

Que a história possa ser utilizada para promover uma linha política não é nenhuma novidade. Contudo, para que um novo gênero se afirme é preciso que as condições políticas e institucionais sejam propícias. Nos Estados Unidos pós-Segunda Guerra, com a expansão das ONGs, a ampliação da hegemonia norte-americana, o funcionamento de instituições supranacionais como as Nações Unidas e o nascimento do Banco Mundial, deram-se as condições favoráveis ao aparecimento de um vasto público de leitores de histórias de *longue durée*, ávidos de informação sobre como lidar com as questões momentosas da carestia, da pobreza, da seca e da tirania. À medida que os historiadores da geração *baby-boom* foram a certa altura abandonando o engajamento direto com essas questões para se dedicar a temas de micro-história como raça e classe, a história de longa duração tornou-se domínio de outros escritores sem formação histórica específica – em alguns casos demógrafos ou economistas vinculados ao Clube de Roma ou à Rand Corporation, outros psicólogos, biólogos, futurólogos improvisados, ou historiadores diletantes escrevendo para uma audiência popular

---

[48] Charles Dupin, *The Commercial Power of Great Britain* (1824) (tradução inglesa), 2 v. (Londres, 1825).

na época da suposta "bomba populacional" e dos supostos "limites do crescimento".[49] Foi nesse contexto que floresceu uma produção histórica de *longue durée* impura, mas os historiadores não foram os únicos a sujar as mãos.

A demanda da governança internacional por reconstruções históricas incentivou a produção de sínteses de ampla envergadura e incrivelmente inclusivas. As demandas por interpretações históricas foram, com efeito, cada vez maiores e também o foram as violências à racionalidade e os saltos de abstração impostos aos dados históricos. A mais fantástica destas afirmações foi a do físico Herman Kahn, que, convertido em teórico de sistemas e futurólogo, prometeu organizar debates sobre o uso de recursos, a catástrofe ambiental e o consumo – examinando as tendências de longo prazo na história do mundo. Kahn e os seus colaboradores projetaram um mapa esquematizado dos dados históricos sobre o crescimento da população desde oito mil anos antes de Cristo e confrontaram-no com as profecias do futuro progresso tecnológico e do controle da natalidade, chegando à conclusão de que era previsível um mundo pós-industrial de "abundância crescente".[50]

---

[49] Ver, como exemplo, Paul R. Ehrlich, *The Population Bomb* (Nova York, 1968); Erich Fromm, *The Revolution of Hope: Toward a Humanized* Technology (Nova York, 1968); R. Buckminster Fuller, *Utopia or Oblivion: The Prospects for Humanity* (Londres, 1969); Alvin Toffler, *Future Shock* (Nova York, 1970); Norman Borlaug, *Mankind and Civilization at Another Crossroad* (Madison, wi, 1971); Herman Kahn e B. Bruce-Briggs, *Things to Come: Thinking about the Seventies and Eighties* (Nova York, 1972); George Leonard, *The Transformation: A Guide to the Inevitable Changes in Humankind* (Nova York, 1972); Donella Meadows *et al.*, *The Limits to Growth: A Report for the Club of Rome's Project on the Predicament of Mankind* (Nova York, 1972); Adrian Berry, *The Next Ten Thousand Years: A Vision of Man's Future in the Universe* (Nova York, 1974); Mihajlo Mesarovic e Eduard Pestel, *Mankind at the Turning Point: The Second Report to the Club of Rome* (Nova York, 1974); Herman Kahn, William Brown e Leon Martel, *The Next 200 Years: A Scenario for America and the World* (Nova York, 1976); Wayne I. Boucher (Org.), *The Study of the Future: An Agenda for Research* (Washington, dc, 1977); Ervin László *et al.*, *Goals for Mankind: A Report to the Club of Rome on the New Horizons of Global Community* (Nova York, 1977).

[50] Herman Kahn, William Brown e Leon Martel, *The Next 200 Years: A Scenario for America and the World* (Nova York, 1976); Paul Dragos Aligica, *Prophecies of Doom and Scenarios of Progress: Herman Kahn, Julian Simon, and the Prospective Imagination* (Nova York, 2007); Andersson, "The Great Future Debate and the Struggle for the World", p. 1416.

★★★

Tendo em vista esses precedentes exemplos de histórias de *longue durée*, escritas com o olhar posto no futuro, resta-nos ainda falar em termos mais gerais a respeito de como a reflexão sobre o nosso passado pode nos ajudar a considerar o futuro, em especial para apoiar esses modestos propósitos que definimos como futuro público. Há uma longa tradição de pensamento sobre como a história pode auxiliar – parte da qual deriva da antiga teologia e da filosofia política, que procuravam utilizar os exemplos de vidas ilustres para instruir líderes futuros; e parte do marxismo com sua tendência a usar a história para contribuir com a luta das massas. Essas tradições têm muito a oferecer: uma insistência no livre-arbítrio e na possiblidade de que o destino é indeterminado; a demonstração do poder do pensamento contrafactual para desestabilizar a aparente inevitabilidade de instituições, valores ou tecnologias do presente; e histórias utópicas sobre tradições que representam um mundo melhor do que o atual.

O que apresentamos a seguir é um conjunto de sugestões sobre como o conhecimento histórico pode ajudar a quem quer que seja – a um membro de uma instituição, a um reformista instruído, ou a um radical lutando para dar voz aos que estão tradicionalmente excluídos do poder – a pensar suas opções por meio da história. O que oferecemos é uma história em que o pensamento sobre o futuro não mais é deixado aos especialistas, quer em relações internacionais, quer em economia, ou em climatologia; uma história em que a reconfiguração do futuro está uma vez mais ao alcance de quem quer que leia e fale sobre relatos do passado. Nessa perspectiva, gostaríamos de recomendar três abordagens do pensamento histórico, em termos públicos e éticos, sobre como delinear nosso futuro comum. Esses meios são um obstinado discurso sobre o destino e o livre-arbítrio, o poder do pensamento contrafactual e o pensamento utópico.

Pensando sobre o destino e o livre-arbítrio

Como é possível às sociedades mudar suas características sem colapsar? O que significa "reforma"? É a acumulação de dados brutos e de modelos abstratos a única maneira à disposição dos indivíduos para remodelar a civilização em que vivem? Pode uma civilização em vias de esgotar seus recursos, contaminando o ar e a água que consome, voltar atrás e decidir diversificar seus recursos em prol de futuros sustentáveis para todos? Ou as leis da economia pressagiam desesperança às massas e sobrevivência somente a uns poucos?

Na medida em que tanto a climatologia quanto a economia nos deixaram frequentemente com uma visão de mundo segundo a qual os futuros alternativos são escassos ou inexistentes, o papel da história deve consistir não apenas em examinar os dados concernentes às responsabilidades pela mudança climática, mas também em assinalar direções alternativas, atalhos utópicos, modelos de produção agrícola e de consumo alternativos que se desenvolveram ao longo do tempo. Como afirma o geógrafo cultural Mike Hulme, em muitos debates sobre o clima "os seres humanos são descritos como 'agricultores tontos', à espera passiva de seu destino climático. As possibilidades da ação humana são relegadas a notas de pé de página, as normas e as práticas culturais que se modificam tornam-se invisíveis e ignora-se o potencial criativo da imaginação humana".[51] A mudança climática, a antropologia evolutiva e a economia bem podem pintar um autorretrato da espécie como vítima de seus genes egoístas, do DNA que nos induz à avidez e à exploração de tudo, mas a história e a antropologia estão sempre a nos lembrar da variedade dos valores humanos e das formas de auxílio mútuo.

Ao levantar questões desse tipo, a climatologia está a um passo de redescobrir essas maneiras alternativas de pensar o futuro. Nos debates sobre o clima da última década, o ponto em discussão, como sustenta a historiadora australiana do meio ambiente Libby Robin, tem sido a noção de que "as mudanças do passado aumentam os efeitos atuais".[52] Isso quer dizer que os cientistas do clima e os *policy-makers* depararam-se com o problema de ter que distinguir entre as causas originárias que desencadearam uma série de consequências e as causas primárias e finais. Para compreender a mudança a longo prazo, seja a do regime climático seja a do político, os estudiosos veem-se obrigados

---

[51] Mike Hulme, "Reducing the Future to Climate: A Story of Climate Determinism and Reductionism", *Osiris*, v. 26, p. 256, 2011.

[52] Libby Robin, "Histories for Changing Times: Entering the Anthropocene?", *Australian Historical Studies*, v. 44, p. 333, 2013.

a compreender as diferentes escalas temporais, os diferentes atores, os períodos e os acontecimentos em suas complexas relações recíprocas; ou seja, compreender uma das principais competências da disciplina histórica. Por consequência, o discurso sobre o meio ambiente está destinado a aterrissar exatamente no campo da história, se é que já não o fez. Se queremos de verdade compreender o problema da sustentabilidade a longo prazo, devemos olhar para o passado. Milhares de civilizações antes da nossa têm questionado os ordenamentos hierárquicos, frequentemente com êxito. O conhecimento do passado é, portanto, uma fonte para compreender até que ponto podemos exercitar o livre-arbítrio com relação ao futuro.

Pensamento contrafactual

Quando falamos de economias sustentáveis, o que costuma nos preocupar é a reversibilidade. Teríamos podido reverter o processo da mudança climática se tivéssemos banido a máquina a vapor? Teríamos podido sustentar uma parte importante do mundo na base de uma economia vitoriana conectada por veleiros e eficientes linhas ferroviárias? Deveríamos reconsiderar a própria criação de animais para desenvolver uma ecologia agrícola sustentável? Quanto teríamos que retroceder no tempo para salvar o planeta? Um índice dos erros cometidos no passado informa do mesmo modo a questão debatida pelos economistas de se economias inspiradas em princípios diferentes daqueles que constituem a dos Estados Unidos do século XXI poderiam continuar a crescer. Poderiam sociedades como a da Bolívia, que protegem ou nacionalizam seu suprimento de água, competir com um mundo de comércio livre dominado pelos interesses privados? Estariam as burocracias nacionais, supereficientes das administrações públicas, do século XIX, em condições de competir com as atuais economias globalizadas? Quanto precisaríamos retroceder se queremos encontrar as origens de nosso atual descontentamento, tanto para salvar nossos oceanos como para proteger os direitos dos pobres ao alimento e à agua?

Na era da sustentabilidade, essas perguntas não são especulações ociosas. Ao contrário, cientistas como o geneticista Wes Jackson – cujo Land Institute de Kansas tem investigado durante as três últimas décadas os princípios da agricultura sustentável e responsável – empenharam-se em meticulosas análises históricas contrafactuais como meio para esboçar um caminho a seguir.[53] Nos ensaios em que desenvolve suas reflexões com vistas à fundação de uma agricultura sustentável, Jackson descreve como os matemáticos que trabalham com o Land Institute analisam em profundidade séries de questões contrafactuais cada vez mais amplas sobre a escala das redes de mercadorias necessárias para que haja um trator em uma fazenda. O que aconteceria se o Estado não provesse autoestradas para levar um parafuso ao trator? E o que aconteceria se não houvesse aviões para reunir os membros do conselho global da companhia que construiu originariamente o trator? Poderia ser possível uma agricultura baseada no trator num mundo pós-carvão?

Essas preocupações são imediatamente aplicáveis aos cientistas cujo objetivo declarado é reunir os materiais para chegar a uma forma de agricultura capaz de alimentar nossas cidades depois da crise da era do carvão, num mundo em que o clima, os transportes e as cadeias de distribuição mudam rapidamente. Elas representam uma forma de investigação com a qual os historiadores estão muito familiarizados: a lógica contrafactual. O pensamento contrafactual é o tipo de trabalho que os historiadores realizam quando especulam sobre o que teria acontecido se Napoleão não tivesse perdido a Batalha de Waterloo, ou que condições deveriam ter ocorrido para que a Primeira Guerra Mundial nunca tivesse acontecido. Pode não ser mais que um jogo de salão (como maliciosamente perguntou Voltaire – teria o mundo sido diferente se o nariz de Cleópatra fosse mais curto?), mas esse espírito informa qualquer reflexão histórica sobre a questão da causalidade e, por consequência, da responsabilidade.[54] Na era da sustentabilidade, o pensamento contrafactual é algo que diz respeito a todos. É uma forma de lógica histórica tão necessária ao inventor ou ao empreendedor que deseja produzir um trator resistente ao clima como ao geneticista que desenha práticas agrícolas para um mundo sustentável.

---

[53] Bill Vitek e Wes Jackson (Orgs.), *The Virtues of Ignorance: Complexity, Sustainability, and the Limits of Knowledge* (Lexington, KY, 2008); Wes Jackson, *Consulting the Genius of the Place: An Ecological Approach to a New Agriculture* (Berkeley, 2010).

[54] Niall Ferguson (Org.), *Virtual History: Alternatives and Counterfactuals* (Londres, 1997); Richard Evans, *Altered Pasts: Counterfactuals in History* (Londres, 2014).

Tanto em suas intervenções públicas como em suas publicações, os especialistas em sustentabilidade tornaram-se historiadores sem o saber. As principais preocupações teóricas dos climatologistas, e as respostas às mesmas dadas pelos especialistas em política, versam sobre periodização, acontecimentos e causalidades, que são problemas de filosofia da história. Vivemos num mundo que cada vez mais olha para a história em busca de sentido para a natureza mutável dos acontecimentos do mundo. Mas e se para a proteção do planeta faz-se necessário renunciar à prosperidade?[55] Essa linha de pensamento precisaria de ferramentas teóricas muito diferentes daquelas que atualmente predominam nas corporações e na política. Além disso, uma verdadeira sustentabilidade esvaziaria de racionalidade o poder de alguns termos como "progresso", "desenvolvimento" e "crescimento", que o capitalismo moderno herdou de seus dois últimos séculos de desenvolvimento histórico e que integram todas as definições de sucesso formuladas pelos economistas.[56]

Analogamente, os casos históricos podem nos ajudar a precisar desde quando os *policy-makers* desistiram de criar um mundo mais sustentável. Paul Thompson reconstruiu as vicissitudes da política sustentável através dos consórcios internacionais das décadas de 1980 e 1990, concentrando-se no relatório da Comissão Brundtland intitulado *Our Common Future*, como um acontecimento-chave que definiu a posição dos Estados Unidos e do Sul Global em termos de um "dilema do prisioneiro", no qual dada a indeterminação das posições da Índia e da China sobre a mudança climática global, era pouco provável esperar uma ação dos Estados Unidos.[57] Para os *policy-makers*

---

[55] Humberto Llavador, John E. Roemer e Joaquim Silvestre, "A Dynamic Analysis of Human Welfare in a Warming Planet", *Journal of Public Economics*, v. 95, p. 1607-1620, 2011; Llavador, Roemer e Silvestre, *Sustainability for a Warming Planet* (Cambridge, MA, 2015).

[56] Ted Steinberg, "Can Capitalism Save the Planet? On the Origins of Green Liberalism", *Radical History Review*, v. 107, p. 7-24, 2010; Emma Rothschild, Paul Warde, e Alison Frank, "Forum: The Idea of Sustainability", *Modern Intellectual History*, v. 8, p. 147-212, 2011; Joshua J. Yates, "Abundance on Trial: The Cultural Significance of 'Sustainability'", *The Hedgehog Review*, v. 14, p. 8-25, 2012.

[57] *World Commission on Environment and Development, Our Common Future* (Nova York, 1987); Paul B. Thompson, *The Agrarian Vision: Sustainability and Environmental Ethics* (Lexington, KY, 2010), p. 197-200.

ou os empreendedores que desejam realmente encontrar uma saída para o impasse global e que levam a sério as advertências dos cientistas, essas histórias compõem um elenco imperativo dos contaminantes cognitivos com os quais gerações de má política viciaram o discurso público. Sem a eliminação desses impedimentos – deixando de lado a falsa limpeza ecológica, conhecida como *"green-washing"*, a superação dos "dilemas do prisioneiro", o reconhecimento da não certeza de que a sustentabilidade possa atender às exigências do planeta e das pessoas, ademais da prosperidade – haverá pouco futuro prático para os ativistas do clima.

Contudo, com o conhecimento de tais circunstâncias, instituições e discursos, abre-se novamente um possível futuro para o agir. Esses relatos são, portanto, vitais para o nosso tempo; ilustrando a grande importância da narrativa histórica para esclarecer o pensamento sobre o futuro. Além de levantar questões importantes sobre o tipo de narrativa histórica de que mais temos necessidade hoje.

Pensamento utópico

São poucos os historiadores que se empenharam num projeto visando a documentar essas alternativas, dado que a micro-história privilegiou documentar as vítimas da sociedade dominante e não as utopias alternativas.

A tradição utópica de *longue durée* é muito rica. A *The Story of Utopias*, de Lewis Mumford, de 1922, narra a história do pensamento utópico que vai de Thomas More a H. Rider Haggard, autor oitocentista de literatura fantástica, mas é possível remontar essa tradição a um passado mais longínquo, a Platão, e projetá-la à frente para incluir grande parte da ficção científica contemporânea. Esses textos, do mais sóbrio ao mais absurdo, sustenta Mumford, apontavam ainda para as principais fontes primárias do pensamento sobre a reforma das cidades e foram uma das principais fontes intelectuais a contribuir para o surgimento da planificação urbana no final do século XIX.[58] Posteriormente, *New Roots for Agriculture*, de Wes Jackson, publicado em 1980, apresentava

---

[58] Mumford, *The Story of Utopias*; Gregory Claeys, *Searching for Utopia: The History of an Idea* (Londres, 2011).

uma tradição que, do mundo antigo à moderna ciência do solo, passando pelos transcendentalistas, advertia sobre as consequências de uma agricultura que não estivesse em consonância com os ciclos naturais, baseando nesses fracassos o surgimento de novas práticas agrícolas centradas na agricultura fabril e na gestão de cima para baixo, ao mesmo tempo que documentava o surgimento de um movimento alternativo de agricultura orgânica.[59] Essas reconstruções históricas evidenciam as lutas institucionais sobre como as sociedades enfrentam os problemas ecológicos, despojando a mudança climática do caráter de espectro inexorável que se impõe aos nossos genes egoístas e incompatível com a estrutura mesma de nosso DNA, devolvendo-a, juntamente com a sustentabilidade, de volta ao campo das instituições humanas, que podem ser abordadas em termos de reforma social e política.

Assim, em nossos dias, a possibilidade de conceber uma tradição reformista é de vital importância para um compromisso duradouro com questões de agricultura e de mudança climática, num outro nível que não o da economia profissional ou da ciência do clima. Para os cientistas que nas décadas de 1980 e 1990 desejavam repensar as consequências da Revolução Verde, as novas histórias de *longue durée* do patriarcado e da ecologia provenientes da história da ciência foram uma grande fonte de inspiração; a revisão de uma tradição multissecular, que vai de Francis Bacon à agricultura industrial, reverbera nos trabalhos de cientistas dissidentes que chegaram a representar vozes importantes na reflexão sobre um futuro construído em torno da agricultura orgânica. Mais recentemente, um ressurgimento da tradição utópica na história de *longue durée* pôs em evidência o surgimento de pesquisa com financiamento estatal em permacultura na Austrália, onde as restrições sobre o uso da água fizeram da agricultura alternativa um tema central da legislação e da pesquisa promovida pelo alto já na década de 1930.[60] Essas alternativas, com já trinta anos de florescência, têm proliferado na atualidade convertendo-se num rico conjunto de ciências e de instituições alternativas visando a promover pequenas unidades agrícolas intensivas e sustentáveis, segundo um

[59] Wes Jackson, *New Roots for Agriculture* (San Francisco, 1980).

[60] Martin Mulligan e Stuart Hill, *Ecological Pioneers: A Social History of Australian Ecological Thought and Action* (Cambridge, 2001), p. 195-200.

modelo que, com adaptação adequada às mais diversas condições e instituições, possa ser replicado em todo o planeta.

Algumas das histórias que alimentam o moinho da agricultura alternativa basearam-se em trabalhos de investigação breve em arquivos de unidades agrícolas de caráter industrial e de governos nacionais. Mas são muito mais as que traçam uma história das ideias ao longo de gerações, demonstrando aos ativistas contemporâneos que as suas visões dissidentes representam na realidade uma longa tradição de contestação. Em histórias de *longue durée* sobre agricultura local é fácil encontrar referências aos riscos e ameaças típicos de outros lugares e de outras épocas. Outra pesquisa de *longue durée* sobre formas alternativas de capitalismo inclui a notável história do movimento mundial das cooperativas de trabalhadores, dos seus sucessos e da sua eliminação da política internacional, que também é uma história de *longue durée* e que acaba iluminando variantes esquecidas de capitalismo como possíveis alternativas viáveis de um futuro mais democrático e sustentável para o nosso tempo.[61] Essa proliferação de passados e de sociedades alternativas nos abre um horizonte de múltiplos possíveis futuros alternativos. Nesse tipo de diálogos, a história fala à economia e à climatologia sobre a diversidade das respostas do passado e das possibilidades do futuro. O confronto com um passado remoto pode tornar ainda uma vez possível o diálogo sobre um futuro remoto. Para saber como isso seria possível – e que resistências poderia enfrentar –, precisamos saber mais sobre o declínio da *longue durée* que se deu entre os historiadores ao final do século XX.

★★★

A argumentação de dinâmicas de longo prazo implica um modo de envolvimento com os relatos muito diferente daquele que ocor-

---

[61] L. C. Jain e Karen Coelho, *In the Wake of Freedom: India's Tryst with Cooperatives* (Nova Deli, 1996); John Curl, "The Cooperative Movement in Century 21", *Affinities: A Journal of Radical Theory, Culture, and Action*, v. 4, p. 12-29, 2010; John Restakis, *Humanizing the Economy: Co-operatives in the Age of Capital* (Philadelphia, 2010); John Curl, *For All the People* (Oakland, CA, 2012); John F. Wilson, Anthony Webster e Rachael Vorberg-Rugh, *Building Cooperation: A Business History of the Co-operative Group, 1863-2013* (Oxford, 2013); Jessica Gordon Nembhard, *Collective Courage: A History of African American Cooperative Economic Thought and Practice* (University Park, PA, 2014).

re ao se examinar um determinado fenômeno de curto prazo. A investigação deve se dar numa escala tal que abarque o conjunto inteiro dos acontecimentos e não apenas um segmento separado, como tendia a ocorrer na micro-história. Precisamos examinar cuidadosamente esses acontecimentos e construir sobre a base de estudos de micro-história já existentes visando a localizar pontos de inflexão específicos e divisores de água da história, momentos de revolução que desestabilizam instituições, climas e sociedades. Esta história de longo prazo precisa se beneficiar do refinamento da micro-história quando examina particularidades exemplares, aqueles momentos breves da história durante os quais se revelam as estruturas de poder, hierarquia e imaginação.

De qualquer modo, por algum tempo esse processo de refinamento da temporalidade esteve em desenvolvimento. Muitos professores de história deparam-se em algum momento com a tarefa de construir visões de longo prazo à maneira de nossos planos de estudos. Nos departamentos de história, essas visões panorâmicas têm por nome "Civilização Mundial" ou "História Norte-Americana de 1760 a 1865". Expostas nos livros, frequentemente se apresentam em forma de capítulos independentes, nos quais se examinam períodos descontínuos com escassa relação recíproca. Mas há também a renovada compreensão desses pontos de inflexão. Já em 1987, William H. McNeill propôs a tese segundo a qual os pontos de inflexão mais importantes da globalização tiveram lugar por volta de 1000 d.C., quando novas rotas comerciais fundiram-se para formar novos padrões de intercâmbio.[62] Nos decênios posteriores, historiadores do mundo têm comparado e analisado datas flexíveis para elaborar histórias não só da globalização, mas também do pensamento racista e do racismo, da consciência de classe, dos processos de paz e da democracia, para citar apenas alguns exemplos.[63] Todos esses

[62] William H. McNeill, "Organizing Concepts for World History", *World History Bulletin*, v. 4, p. 1-4, 1986-1987; Peter N. Stearns, "Periodization in World History Teaching: Identifying the Big Changes", *The History Teacher*, v. 20, p. 561-580, 1987.

[63] William A. Green, "Periodization in European and World History", *Journal of World History*, v. 3, p. 13-53, 1992; Jerry H. Bentley, "Cross-Cultural Interaction and Periodization in World History", *American Historical Review*, v. 101, p. 749-770, 1996.

AVANÇAR OLHANDO PARA TRÁS: O SURGIMENTO DA *LONGUE DURÉE*

refinamentos de nossa compreensão dos momentos de inflexão apoiam-se s obre uma sólida base de pesquisas de micro-história.

Com efeito, a quantidade e a variedade dos momentos de inflexão e das distintas eras que os historiadores têm proposto sugerem, como conjectura Jürgen Osterhammel, que "o sentido das épocas foi-se debilitando continuamente".[64] A cronologia horizontal de uma idade que se segue à outra foi sendo substituída, no que se refere à nossa maneira de conceber o tempo, por um fluxo topológico de "modernidades múltiplas" que se cruzam e se entrelaçam, nas quais as forças causais, de acordo com Manuel De Landa, podem ser conceituadas como elementos diferentes – pedra, água e ar – , todos eles mutáveis, mas uns mais rapidamente que outros.[65] O desafio que a história enfrenta, no seu papel de juiz natural dos grandes quadros narrativos sobre o tempo, consiste em reescrever as histórias do clima e da desigualdade, justamente as narrativas que constituem os pesadelos de nossa civilização, em termos de um conhecimento compreensível fundado em dados e descrito mediante fluxos sobrepostos de materialidade, constructo e causa.

Narrativas com argumentação de longo prazo podem ter o poderoso efeito de eliminar mitos e derrubar falsas leis. É essa, e não a mera apreciação das coisas antigas, a razão pela qual as universidades têm departamentos de história e que justifica a missão clássica da história como *magistra vitae*, mestra em todos os aspectos da vida. Devemos utilizar o passado na indispensável tarefa de eliminar as falsidades que nele se estabeleceram e criar espaço para o presente e o futuro, a fim de que essas mitologias não cheguem a dominar a nossa ação política e as nossas relações.

A história de *longue durée* permite-nos transpor os confins da história nacional e perguntarmo-nos sobre o surgimento de complexos de longo prazo, de muitas décadas, séculos e inclusive milênios; somente

---

[64] Jürgen Osterhammel, *The Transformation of the World: A Global History of the Nineteenth Century* (Princeton, NJ, 2014), p. 48. Ver também: Wolfgang Reinhard, "The Idea of Early Modern History", *in* Michael Bentley (Org.), *Companion to Historiography* (Londres, 1997), p. 290; Penelope Corfield, *Time and the Shape of History* (New Haven, 2007), p. 134-138.

[65] Manuel De Landa, *A Thousand Years of Nonlinear History* (Nova York, 1997).

se levarmos a escala de nossas investigações a essas magnitudes temporais podemos explicar e compreender a gênese dos descontentamentos globais contemporâneos. Aquilo que pensamos como "global" é com frequência a soma de problemas locais percebidos como parte de uma crise mais universal, mas tal agregação – por exemplo, a percepção de que as crises locais são agora frequentemente vistas como exemplos de problemas estruturais mais amplos da economia política ou da governabilidade – é ela mesma um sintoma da tendência a utilizar escalas espaciais mais amplas para compreender os desafios contemporâneos. Também é preciso considerar esses desafios numa perspectiva temporal mais ampla. Desse ponto de vista, a *longue durée* tem uma finalidade ética. Propõe uma academia compromissada que procure se colocar em consonância com a produção de conhecimento que caracteriza nosso próprio momento de crise, não apenas nas humanidades, mas também no sistema global como um todo.

CAPÍTULO II

O passado breve: ou, a retirada da *longue durée*

Uma aluna de graduação em História interrompe por algumas horas seu estudo para navegar na Internet e o que vê deixa-a preocupada. Isso sempre lhe acontece, porque sua consciência não cessa de se perguntar como deve conectar o trabalho que está fazendo com o mundo do lado de fora da universidade. Considera-se reformista, e a corrupção, a contaminação e a desigualdade abalam seu sentido de justiça. O que ela pode fazer para aprender sobre as alavancas da mudança, para falar às pessoas sobre como elas trabalham, para criar um grupo de estudantes preparado para pensar nessas coisas? As respostas que seus professores lhe dão podem ser resumidas numa única desapontadora palavra: foco. Foco nas perguntas; foco nas fontes documentais. Em muitos dos cursos que frequenta, ouve dizer que a formação universitária consiste em desenvolver competência profissional para analisar evidências, não em responder às grandes interrogações. Ainda que o refinamento na elaboração dos dados do passado seja bom e conveniente para aprender a formular perguntas acadêmicas precisas e como responder a elas, nossa estudante às vezes se pergunta quando e como é possível formular essas grandes interrogações, bem como a quem cabe fazê-las.

Os estudantes de Oxford, de fins dos anos 1960, tinham uma experiência muito diferente sobre questões históricas e sua relevância. Liam notícias sobre greves sindicais em Paris que contavam com a solidariedade dos estudantes. Liam sobre revolução sexual e sobre a maior migração na história dos Estados Unidos, que convergia para acampamentos em São Francisco onde se realizavam experimentos em matéria de propriedade, drogas psicodélicas e vida comunitária.

59

MANIFESTO PELA HISTÓRIA

Enquanto isso, historiadores de *longue durée*, como Eric Hobsbawm, publicavam histórias de resistência que permitiam contextualizar Maio de 1968 no quadro dos séculos que o precederam. Esse episódio não carecia de contexto, diziam. Pelo contrário, séculos de lutas de escravos, de trabalhadores e de mulheres tinham antecedido e condicionado muitos dos movimentos políticos que agora proclamavam em público suas reivindicações.[66] Assim, enquanto muitos dos estudantes universitários que liam sobre os episódios de Paris ou da Primavera de Praga saíam para se somar a esses acontecimentos, alguns radicais escolheram outro caminho e foram à procura da história.

Um desses estudantes era Geoff Eley, futuro historiador especializado em Alemanha, "um jovem que buscava a mudança no mundo", segundo suas próprias palavras no início de suas memórias.[67] Como muitos estudantes de história da época, acreditava que a melhor maneira de compreender a natureza e a potencialidade desses movimentos incipientes era projetá-los no contexto da mudança política de longo prazo. Não lhe ocorria de se perguntar se a opinião pública necessitava de autores que pensassem a mudança na perspectiva do longo prazo: a mudança estava por toda parte. Para estudantes que de dia liam Tawney e Hobsbawm e de noite acompanhavam a revolução pela televisão, a iminência da história era incontrovertível. Para essa geração, pensar no futuro suscitava quase automaticamente a exigência de olhar para o passado. Qualquer que fosse a maneira de se pensar a história, estava fora de questão limitar a própria mente ou a própria ambição.

[66] E. J. Hobsbawm, *Primitive Rebels: Studies in Archaic Forms of Social Movement in the 19th and 20th Centuries* (Manchester, 1959); Hobsbawm, *The Age of Revolution, 1789-1848* (Londres, 1962); Hobsbawm, *Labouring Men: Studies in the History of Labour* (Londres, 1964); Hobsbawm, *Industry and Empire: The Making of Modern English Society, 1750 to the Present Day* (Londres, 1968); Hobsbawm, Bandits (Nova York, 1969). Sobre 1968, ver: Ronald Fraser, *1968: A Student Generation in Revolt* (Nova York, 1988); Michael Seidman, *The Imaginary Revolution: Parisian Students and Workers in 1968* (Nova York, 2004); Rainer Horn, *The Spirit of '68: Rebellion in Western Europe and North America, 1956-1976* (Oxford, 2007); Martin Klimke, *The Other Alliance: Student Protest in West Germany and the United States in the Global Sixties* (Princeton, NJ, 2011).

[67] Geoff Eley, *A Crooked Line: From Cultural History to the History of Society* (Ann Arbor, MI, 2005), p. ix.

Durante sua formação como historiador profissional na Universidade de Sussex, no início da década de 1970, Eley decidiu-se por responder às grandes interrogações, mas concentrando seu foco e estreitando o leque de suas fontes. Sua tese de doutorado tratava de dezesseis anos da história naval da Alemanha, seus primeiros artigos cobriam um tempo de dez ou vinte anos, extraídos do exame de arquivos sobre a reduzida elite de alemães coligada ao setor militar e que contribuíram a empurrar o país para o nacionalismo nas décadas que culminaram no Terceiro Reich. Ele revirou o arquivo da comunidade de Friburgo e o seu arquivo militar para analisar a correspondência daqueles homens, para documentar como eles falavam de sua atividade política, da nação, do povo e da política externa.[68] Eley e a maior parte de sua geração concentravam-se em um arquivo de cada vez e trabalhavam com a convicção de que essas intensas incursões na história do "passado breve" poderiam iluminar a política do presente imediato.

Nas décadas posteriores a 1968, a orientação que privilegiava períodos cronológicos assim restritos tornou-se dominante na maior parte dos cursos universitários de História. Isso determinou o nosso modo de escrever os trabalhos, de procurar as fontes e de escolher os temas para debater; bem como determinou o ponto para interromper o diálogo. Mas nenhuma revolução chega sem um preço. A transição para o passado breve significou que um número cada menor de estudantes se formava na perspectiva do longo prazo que, por exemplo, caracterizara um historiador como Hobsbawm, que se distinguiu por sua vontade de abarcar séculos e continentes inteiros. A maior parte das pessoas que trabalha com dados temporais, quer se trate de estudantes em geral, quer de pós-graduandos, ou de professores, havia sido formada para examinar o passado à escala de uma vida individual, não na perspectiva suprageracional da ascensão e queda de instituições que caracterizara a *longue durée*. Na medida em que aos estudantes era dito em sala de aula que deviam estreitar o campo

---

[68] Geoff Eley, *The German Navy League in German Politics, 1898-1914* (Tese de doutorado, University of Sussex, 1974); Eley, "Reshaping the Right: Radical Nationalism and the German Navy League, 1898-1908", *The Historical Journal*, v. 21, p. 327-354, 1978.

MANIFESTO PELA HISTÓRIA

de estudo e concentrar o foco, os profissionais que se ocupavam do passado e do futuro começaram a restringir não apenas suas fontes e seus dados, mas as vezes também suas ideias.

Os exemplos deste capítulo têm sido tomados em sua maior parte do mundo de fala inglesa, mas acreditamos que a discussão, aqui como em todo o livro, importa aos historiadores em geral, num momento em que a perspectiva da maioria de nossas instituições restringe-se a horizontes do curto prazo. Em alguns campos, como, por exemplo, no da sociologia histórica ou da teoria dos sistemas mundo, as amplas escalas temporais históricas nunca desapareceram.[69] Contudo, no campo da história, a *longue durée* – associada, como vimos, a Fernand Braudel e à escola francesa dos historiadores dos *Annales* e que não demorou para ter ampla e rápida difusão – floresceu para logo murchar. O que a substituiu – a perspectiva do passado breve – teve com frequência sua própria missão radical, a de mudar o mundo, mas também seus próprios limites.

★★★

Os historiadores que chegaram à maturidade por volta de 1968 possuíam uma maneira de abordar o passado muito diferente dos da geração anterior adeptos da *longue durée*. Em sua condição de estudiosos e pesquisadores em história, de pensadores e intelectuais públicos, essa geração encontrou talvez mais material em história de curto prazo do que qualquer geração anterior. Obscuros arquivos de sindicatos de trabalhadores do sul da França ou do norte da Inglaterra permitiu-lhes observar as microdinâmicas existentes entre os trabalhadores de base e os dirigentes, formular perguntas sobre como e quando se torna possível tomar uma decisão em grupo, e como um pequeno grupo de indivíduos organizados pode derrubar um sistema de privilégio e de produção obsoletos. Ao estreitar o campo de estudo, esses historiadores encontraram a liberdade necessária para confrontar grandes ideias e publicar perspectivas penetrantes e rigorosas que ajudaram o público a contextualizar forças de enorme alcance como o racismo ou o nacionalismo, interpretando-os como desenvolvimentos construídos

---

[69] Ver, como exemplo, Charles Tilly, *Big Structures, Large Processes, Huge Comparisons* (Nova York, 1984); Richard E. Lee (Org.), *The Longue Durée and World-Systems Analysis* (Albany, NY, 2012).

e não como uma ordem social natural e de certo modo predestinada a modelar a mente humana por toda a eternidade.

A perspectiva micro-histórica do passado breve tornou possível a um historiador como Geoff Eley ampliar sua reflexão histórica sobre temáticas políticas, materializada no livro *The Peculiarities of German History*, de 1984, um precoce e inovador ataque, escrito a quatro mãos com David Blackbourn, ao mito perdurável da inevitabilidade do *Sonderweg* [caminho histórico distinto] da Alemanha.[70] Em certos casos, seus textos eram dirigidos a um público não especializado e publicados em revistas como a *London Review of Books*, onde envolveu-se em uma discussão sobre o Holocausto e sua relação com o racismo, que agitou a Grã-Bretanha de Thatcher nos anos dos distúrbios de Brixton.[71] Eley e seu grupo pertenciam a uma universidade que acreditava na utilização das diversas disciplinas, incluídas as Humanidades, como um instrumento para repensar a sociedade civil e a ordem internacional em grandes escalas temporais. Enquanto Eley fazia seu doutorado na Universidade de Sussex, cujos edifícios modernistas de tijolos vermelhos ainda expressavam futurismo, seus colegas da antropologia, sociologia e da economia trabalhavam como assessores para as Nações Unidas e o Banco Mundial sobre o futuro da habitação e da democracia. Eles se valiam de obras recentes em história da tecnologia para repensar os programas de ajuda internacional e de desenvolvimento econômico. Acreditavam na derrubada da antiga ordem das nações e na futura reconfiguração da Índia e África descolonizadas, utilizando a tecnologia e a democracia para melhorar o mundo.[72] Em ambientes universitários como esse, ainda

---

[70] David Blackbourn e Geoff Eley, *Mythen deutscher Geschichtsschreibung. Die gescheiterte bürgerliche Revolution von 1848* (Frankfurt, 1980); Blackbourn e Eley, *The Peculiarities of German History: Bourgeois Society and Politics in Nineteenth-Century Germany* (Oxford, 1984).

[71] Geoff Eley, "Holocaust History", *London Review of Books*, p. 6-9, 3 mar. 1983.

[72] Gerald Bloom, "Science and Technology for Health: Towards Universal Access in a Changing World", 2009, disponível em: <http://opendocs.ids.ac.uk/ opendocs/ handle/123456789/2282>, acesso em: 25 abr. 2018; Adrian Ely e Martin Bell, "The Original 'Sussex Manifesto': Its Past and Future Relevance", 2009, disponível em: <http://opendocs.ids.ac.uk/opendocs/handle/123456789/2283>, acesso em: 25 abr. 2018; Melissa Leach, "Sustainability, Development, Social Justice:

não se duvidava de que olhar para o passado era uma rica fonte de material para refletir sobre futuros em escala global.

É a essa geração, com a sua ambição de mudar o mundo, que devemos a força do preceito segundo o qual devemos nos concentrar no passado para melhor compreender o presente. Na época em que Geoff Eley se formou historiador, o passado breve era utilizado no discurso público e na transformação do mundo, profundamente entrelaçado com a revolta, a revolução e a reforma. Esses vínculos entre historiadores e movimentos sociais tinham sido muito sólidos na geração de Sidney e Beatrice Webb e de R. H. Tawney, e assim continuaram até as das décadas de 1960 e 1970, quando William Appleman, o historiador da diplomacia estadunidense, colaborava com a National Association for the Advancement of Colored People (NAACP) num pequeno povoado da costa do Texas, e quando E. P. Thompson, o historiador da classe operária, discursava em manifestações pela paz em Londres e ajudava ativamente a criar um grande movimento europeu pelo desarmamento nuclear.[73] Na década de 1970, a atenção do próprio Hobsbawm deslocando-se da revolução à história das tradições inventadas, permitiu-lhe contextualizar a celebração da antiga batalha de Massada no novo Estado de Israel, junto a outras tradições inventadas, que iam da Alemanha nazista à nação de Gana e à Revolução Mexicana.[74] Inclusive quando a geração de 1968 entrou na maturidade, os historiadores mais velhos que a rodeavam continuaram respondendo, frequentemente em proximidade, aos acontecimentos

---

Towards a New Politics of Innovation", *in* Leach, *Technologies and Innovations for Development* (Springer, 2012), p. 19-29; Esha Shah, "Manifesting Utopia: History and Philosophy of UN Debates on Science and Technology for Sustainable Development", 2009, disponível em: <https://steps-centre.org/publication/manifesting-utopia-history-and-philosophy-of-un-debates-on-science-and-technology-for-sustainable-development/>, acesso em: 25 abr. 2018.

[73] William Robbins, "William Appleman Williams: 'Doing History Is Best of All. No Regrets'", *in* Lloyd Gardner (Org.), *Redefining the Past: Essays in Diplomatic History in Honor of William Appleman Williams* (Corvallis, OR, 1986), p. 4-5; Michael D. Bess, "E. P. Thompson: The Historian as Activist", *The American Historical Review*, v. 98, p. 18-38, 1993.

[74] E. J. Hobsbawm, "The Social Function of the Past: Some Questions", *Past & Present*, v. 55, p. 3-17, maio 1972; Hobsbawm, "Mass-Producing Traditions: Europe, 1870-1914", in E. J. Hobsbawm e T. O. Ranger (Orgs.), *The Invention of Tradition* (Cambridge, 1983), p. 263–307.

políticos e às condições sociais do momento, utilizando o passado para dar sentido ao presente. Utilizar o passado para olhar atrás no tempo e elaborar opiniões firmes sobre o futuro não era nenhuma novidade. Mas na década de 1970 os movimentos políticos podiam assumir um matiz edípico.

Os jovens que chegavam à maturidade nos anos 1970 ingressaram num ecossistema político cada vez mais inclinado a rejeitar os vínculos institucionais típicos da geração anterior. Nos Estados Unidos da Guerra do Vietnã, segundo o anarquista Paul Goodman (um dos inspiradores de muitos dos participantes do movimento estudantil), vínculos com as instituições de governo provavam a corrupção da geração anterior. Segundo Goodman, "os professores" tinham renunciado à sua "independência como cidadãos e à liberdade de crítica convertendo-se em servos do público e em amigos da polícia".[75] A verdadeira rebelião tinha que repudiar seus vínculos com a política.

Os historiadores jovens consideravam-se rebeldes. Segundo Eley, a virada cultural foi uma espécie de libertação pessoal para os historiadores mais jovens, que "se debatiam contra o árido e desencarnado trabalho de grande parte da historiografia convencional" e para os quais a teoria "ressuscitava a vida epistemológica do arquivo". A rebelião dos historiadores jovens contra os velhos corria em paralelo, em termos retóricos, com a dos movimentos juvenis contra a guerra, pela liberdade de expressão e contra o racismo de fins da década de 1960 e da seguinte: refletia um chamamento à consciência, uma determinação de orientar a história institucional para uma política mais crítica. Falando das "grandes implicações" desta reação, Eley é direto: os historiadores de sua geração conceberam sua política como uma ruptura com os órgãos corruptos da governança internacional, esses mesmos órgãos que por gerações haviam sido os principais consumidores da história de *longue durée*.[76]

Em 1970, o passado breve tinha sobre o pensamento de *longue durée* outra vantagem prática, a de ajudar os indivíduos a enfrentar as realidades profissionais e econômicas do mercado de trabalho acadêmico

---

[75] Paul Goodman, "The Devolution of Democracy", *Dissent*, v. 9, p. 10, 1962, citado por Kevin Mattson, *Intellectuals in Action: The Origins of the New Left and Radical Liberalism, 1945-1970* (University Park, PA, 2002), p. 124.

[76] Eley, *A Crooked Line*, 129-130.

com algo novo na manga. Uma geração com limitadas perspectivas no mercado de trabalho definia-se a si mesma cada vez mais por dominar arquivos específicos. Enquanto os jovens historiadores concebiam seu trabalho em arquivo em estreita conexão com a política de protesto e de identidade vastamente predominante em seu meio, o passado breve era amplamente adotado pelos historiadores de língua inglesa; o resultado foi a produção de monografias históricas de excepcional sofisticação.

Nos Estados Unidos, os subsídios estatais que a *GI Bill* de 1944 estipulava para a educação dos soldados desmobilizados provocaram no pós-guerra uma explosão de programas de pós-graduação em todos os campos, incluído o da História. O tempo de formação para o doutorado passou de três para seis anos e frequentemente até mais do que isso. Em fins dos anos 1970, quando no cenário universitário norte-americano uma nova geração de pós-graduados chegou à maturidade, "o mercado de trabalho acadêmico ficou saturado em muitos terrenos e fez-se patente uma preocupação com a superprodução de doutores"; segundo um informe da National Science Foundation: "O número de títulos de doutorado concedidos anualmente passou de 8.611, em 1957, a 33.755, em 1973, um incremento de quase 9% ao ano".[77] Contudo, para absorver todos esses novos doutores, não se criou uma quantidade suficiente de postos de trabalho, e os historiadores recém-formados procuraram cada vez mais se distinguir de seus pares por suas inovadoras abordagens na pesquisa de arquivos. Nos Estados Unidos, nos primeiros anos depois da criação do doutorado em História, uma tese podia cobrir um arco cronológico de dois séculos ou mais, como o estudo de Frederick Jackson Turner sobre os estabelecimentos comerciais através da história norte-americana, ou o trabalho de W. E. B. Du Bois sobre a eliminação do comércio de escravos africanos entre 1638 e 1870.[78] Em 2013, o exame de umas

---

[77] Lori Thurgood, Mary J. Golladay e Susan T. Hill, "US Doctorates in the 20th Century: Special Report" (National Science Foundation, jun. 2006), p. 7, disponível em: <www.nsf.gov/statistics/nsf06319/pdf/nsf06319.pdf>, acesso em: 25 abr. 2018.

[78] Frederick Jackson Turner, *The Character and Influence of the Indian Trade in Wisconsin: A Study of the Trading Post as an Institution* (Baltimore, 1891); W. E. B. Du Bois, *Suppression of the African Slave Trade in the United States* (Tese de doutorado, Harvard University, 1895); Du Bois, *The Suppression of the African Slave-Trade to the United States of America*, 1638-1870 (Nova York, 1896).

8.000 teses de história escritas nos Estados Unidos desde 1880 mostrou que, em 1900, o período médio que cobriam era de aproximadamente setenta e cinco anos; por volta de 1975 esse intervalo tinha caído para cerca de trinta anos; e foi somente no século XXI que voltou a se situar novamente entre setenta e cinco e cem anos (ver Graf. 2).[79]

Gráfico 2 - Número de anos cobertos pelas teses em História nos Estados Unidos, c. 1885-2012

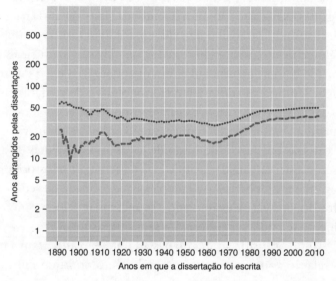

Legenda: Linha tracejada = tempo médio coberto; linha pontilhada = extensão média de tempo coberto; os pontinhos representam o uso de um ano num título de tese.
Fonte: SHIMIDT, B. What Years Do Historians Write About? *Sapping Attention*, 9 maio 2013.

Há paralelos com o outro lado do Atlântico. Ao evocar sua experiência naqueles anos de contração do mercado de trabalho, Eley

---

[79] Benjamin Schmidt, "What Years Do Historians Write About?", *Sapping Attention*, 9 maio 2013, disponível em: <http://sappingattention.blogspot.com/2013/05/what-years-do-historians-write-about.html>, acesso em: 25 abr. 2018. Nosso agradecimento a Ben Schmidt por compartilhar conosco uma versão disponível e por permitir-nos usar sua visualização das tendências sobre teses de doutorado.

descobriu-se em luta com seus pares por posições profissionais. A arma principal que se utilizava nessa batalha era a atenção ao detalhe local, uma prática derivada da tradição da história urbana, na qual as histórias das cidades alemãs e britânicas frequentemente narravam conflitos do mundo do trabalho inerentes à história da comunidade urbana. Na verdade, a ênfase crescente nas experiências extremamente localizadas na obra de historiadores como Gareth Stedman Jones e David Roediger tornava justamente possível a análise de questões como raça, classe e poder na comunidade, o que permitia ao historiador avaliar como contingentes os fracassos dos movimentos da classe operária para transformar a nação.[80] O trabalho de explorar arquivos tornou-se um ritual de amadurecimento para um historiador, um dos sinais principais de seu disciplinado comprometimento com a metodologia, de sua sofisticação teórica, de seu rigoroso domínio historiográfico e de sua familiaridade com os documentos. Ao aceder a um repositório até então inexplorado, o pesquisador demonstrava o conhecimento necessário da literatura para identificar suas brechas, o domínio de todas as ferramentas de análise histórica necessárias para dar sentido a qualquer registro historiográfico, por mais que fosse obscura ou complexa a identidade de seus autores. Todo historiador via-se estimulado a se apaixonar pelos arquivos, pois dificilmente se podia ser historiador sem sujar as mãos.[81]

Quando os historiadores do passado breve começaram a repensar sua relação com os arquivos e o público, o domínio em matéria de arquivos tornou-se o índex da especialização e a concentração temporal fez-se sempre mais necessária. Com poucas exceções, os trabalhos clássicos das décadas de 1970, 1980 e 1990 centravam-se num episódio particular: a identificação de uma comoção particular de caráter psicológico, ou a análise de uma revolta particular no movimento operário, por exemplo.[82] Quase todos os historiadores

---

[80] Gareth Stedman Jones, *Outcast London: A Study in the Relationship between Classes in Victorian Society* (Oxford, 1971); Stedman Jones, *Languages of Class: Studies in English Working Class History, 1832-1982* (Cambridge, 1983); David R. Roediger, *Wages of Whiteness: Race and the Making of the American Working Class* (Londres, 1991).

[81] Arlette Farge, *Le Goût de l'archive* (Paris, 1989).

[82] Como exemplo, R. B. Rose, "The Priestley Riots of 1791", *Past & Present*, v.18, p. 68-88, 1960; John Bohstedt, *Riots and Community Politics in England and Wales,*

sociais exercitaram-se de alguma maneira na escrita da história de breve duração envolvendo-se com formas específicas de dinâmicas institucionais, cada uma delas dedicada a um único episódio da longa história do trabalho, da medicina, do gênero, ou da vida doméstica. Os casos de diagnóstico psicológico seguiam um modelo particular, e a periodização de cada estudo devia coincidir com a vida dos médicos implicados num trabalho original – como o diagnóstico da histeria, a mania pelo mesmerismo, o nascimento da agorafobia, ou o tratado sobre os estados de fuga ou de amnésia dissociativa, de Ian Hacking em *Mad Travelers*, de 1998, que se afastava de uma tradição médica de vinte anos repentinamente privada de seu "nicho ecológico".[83]

As escalas temporais biológicas entre cinco e cinquenta anos tornaram-se o modelo para o trabalho inovador em história. Os micro-historiadores revolucionaram a escrita da história sobre sindicatos e racismo, sobre a natureza da identidade branca e sobre a própria produção histórica. Efetivamente, a partir de então, uma profusão de teses de doutorado centrou-se no local e no específico como o âmbito no qual o historiador pode exercer suas habilidades para a biografia, a leitura de arquivos e a periodização dentro de um arco temporal de poucos anos. Na era do passado breve, os orientadores de teses de doutorado instavam com frequência os jovens historiadores a restringir seu foco temporal e espacial, não a ampliá-lo, convencidos de que um trabalho sério sobre gênero, raça e classe seria mais confiável quanto mais reduzido fosse seu cenário

---

1790-1810 (Cambridge, MA, 1983); Colin Haydon, *Anti-Catholicism in Eighteenth-Century England, c. 1714–1780* (Manchester, 1993); Ian Haywood e John Seed (Orgs.), *The Gordon Riots: Politics, Culture and Insurrection in Late Eighteenth-Century Britain* (Cambridge, 2012).

[83] Ilza Veith, *Hysteria: The History of a Disease* (Chicago, 1965); Robert Darnton, *Mesmerism and the End of the Enlightenment in France* (Cambridge, MA, 1968); William J. McGrath, *Freud's Discovery of Psychoanalysis: The Politics of Hysteria* (Ithaca, 1986); Ian Hacking, *Mad Travelers: Reflections on the Reality of Transient Mental Illnesses* (Charlottesville, VA, 1998); Rachel Maines, *The Technology of Orgasm: 'Hysteria', the Vibrator, and Women's Sexual Satisfaction* (Baltimore, 1998); Georges Didi- Huberman, *Invention of Hysteria: Charcot and the Photographic Iconography of the Salpêtrière,* tradução de Alisa Hartz (Cambridge, MA, 2003); David Trotter, "The Invention of Agoraphobia", *Victorian Literature and Culture*, v. 32, p. 463-474, 2004; Mark S. Micale, *Hysterical Men: The Hidden History of Male Nervous Illness* (Cambridge, MA, 2008).

e não o inverso. Contudo, segundo Eley, o projeto de uma história social politicamente engajada foi em boa medida um fracasso, devido precisamente a esse excesso de concentração na dimensão do local: "Com o tempo, a proximidade e a reciprocidade [...] entre o interesse macro-histórico em captar o sentido da mudança no conjunto da sociedade e as micro-histórias de lugares particulares – desfez-se ". Eley até mesmo contrastou a história social local com outro tipo de história politicamente orientada, a da tradição dos *Annales*, que, de maneira muito semelhante ao seu próprio projeto, prometia uma crítica "total" da história do presente.[84]

O passado breve produziu a escola fundamentalista redutora de horizontes temporais conhecida como "micro-história". Esta escola abandonou em boa medida a grande narrativa ou a exemplaridade moral em favor da concentração num acontecimento particular. Por exemplo, nos práticas burlescas dos *charivari* da França no início da Era Moderna, analisados por Natalie Zemon Davis, ou na desconcertante matança de gatos na Paris do século XVIII, que Robert Darnton trouxe à luz.[85] A micro-história havia tido sua origem na Itália como método para por à prova questões relativas à *longue durée*, como reação às teorias totalizadoras do marxismo e da Escola dos *Annales*. Seu canteiro preferido, que Edoardo Grendi tornou famoso ao chamá-lo de o "excepcionalmente 'normal'" (*eccezionalmente normale*), e sua finalidade eram articular simultaneamente diferentes escalas de análise.[86] Seu método não era, portanto, incompatível com a profundidade temporal, como nos estudos de Carlo Ginzburg sobre os *benandanti* e o sabá das bruxas, que se moviam entre escalas históricas de dias

---

[84] Eley, *A Crooked Line*, p. 184 e p. 129.

[85] Natalie Zemon Davis, *Society and Culture in Early Modern France: Eight Essays* (Stanford, 1975); Robert Darnton, *The Great Cat Massacre and Other Episodes in French Cultural History* (Nova York, 1984).

[86] Edoardo Grendi, "Micro-analisi e storia sociale", *Quaderni storici*, v. 35, p. 512, 1977. Ver, mais em geral: Jacques Revel (Org.), *Jeux d'échelles. La micro-analyse à l'expérience* (Paris, 1996); Paola Lanaro (Org.), *Microstoria. A venticinque anni de l'eredità immateriale* (Milão, 2011); Francesca Trivellato, "Is There a Future for Italian Micro-History in the Age of Global History?", *California Italian Studies*, v. 2, 2011, disponível em: <www.escholarship.org/uc/item/0z94n9hq>, acesso em: 25 abr. 2018.

e de milênios.[87] Originariamente a micro-história também não era alheia a questões políticas e sociais que transcendiam a academia; suas raízes italianas incluíam uma crença na capacidade transformadora da ação individual "mais além, mas não fora, das limitações dos sistemas normativos, prescritivos e opressivos".[88] Contudo, quando adotado por historiadores de língua inglesa, o passado breve gerou uma historiografia condicionada por escalas temporais cada vez mais reduzidas e pelo uso cada vez mais intensivo de arquivos. Em certo sentido, quanto mais obscuro ou difícil de entender fosse um conjunto de documentos, tanto melhor. Com efeito, quanto mais um insólito arquivo punha à prova a habilidade com a qual o historiador se movia no interior de uma multiplicidade de teorias contrastantes sobre a identidade, a sexualidade, a profissionalização e o agir humano, tanto mais sua utilização demonstraria a perícia do pesquisador com as fontes e seu empenho em mergulhar nesse domínio. A suspeita com relação às grandes narrativas também alimentou uma tendência a produzir relatos empáticos sobre indivíduos do passado com os quais inclusive leitores comuns poderiam se identificar; esses relatos inclinados ao "sentimentalismo" corriam o risco de ser acusados de "abraçar o local e o pessoal a expensas do compromisso com questões públicas e políticas de maior envergadura", ainda que com frequência proporcionassem fama e popularidade aos seus autores, dentro e fora do âmbito acadêmico.[89]

As gerações posteriores iriam adotar os horizontes temporais do passado breve considerando-os como evidentes por si mesmos. Para conseguir um emprego como historiador, havia que se comprometer com uma leitura inovadora do passado, e o passado breve deu peso a muitas interpretações novas e a discussões fratricidas. A geração de 1968 entrou em campo em meio à uma virada social já em curso, uma revolução que passou a ver a história "a partir dos de baixo", deixando de lado a história das elites para se ocupar das experiências da gente comum, dos subalternos, dos marginais e dos oprimidos. A seguir houve a virada linguística – um movimento que teve origem

---

[87] Carlo Ginzburg, *Storia notturna. Una decifrazione del sabba* (Turin, 1989).

[88] Giovanni Levi, "On Micro-history", in Peter Burke (Org.), *New Perspectives on Historical Writing* (Cambridge, 1991), p. 94.

[89] Mark Salber Phillips, *On Historical Distance* (New Haven, 2013), p. 205-206.

na filosofia analítica e que os historiadores adaptaram a seus fins para desvelar a construção do mundo e da experiência social por meio da linguagem e dos conceitos.[90] A virada linguística levou a uma virada cultural e a um amplo ressurgimento da história cultural.[91] A partir de então, ocorreram sucessivas viradas em direções diversas da história nacional, entre as quais a transnacional, a imperial e a global.[92] Os autores deste livro têm sido culpados de promover o termo virada: um de nós recentemente propôs uma genealogia da "virada espacial" em geral, nas várias disciplinas; o outro fez um levantamento das possibilidades de uma "virada internacional", mais especificamente no campo da história intelectual.[93] Falar dos movimentos acadêmicos em termos de "viradas" implica que os historiadores viajam para o futuro sempre por uma autoestrada de mão única, apesar de o caminho para alcançá-lo ser tortuoso, cheio de curvas e de mudanças de direção. Por essa simples razão, torna-se oportuno quer um questionamento às viradas, quer uma disposição para tomar em consideração o valor dos *retornos*, como o retorno da *longue durée*.

Tão frequente e tão perturbador é o debate sobre as viradas no campo da pesquisa histórica, que, em 2012, a *American Historical Review*

---

[90] Richard Rorty (Org.), *The Linguistic Turn: Recent Essays in Philosophical Method* (Chicago, 1967); Gabrielle M. Spiegel (Org.), *Practicing History: New Directions in Historical Writing after the Linguistic Turn* (Londres, 2005); Judith Surkis, "When Was the Linguistic Turn? A Genealogy", *American Historical Review*, v. 117, p. 700-722, 2012.

[91] Victoria E. Bonnell e Lynn Hunt (Orgs.), *Beyond the Cultural Turn: New Directions in the Study of Society and Culture* (Berkeley, 1999); James W. Cook, Lawrence B. Glickman, e Michael O'Malley (Orgs.), *The Cultural Turn in US History: Past, Present, and Future* (Chicago, 2005).

[92] Antoinette Burton (Org.), *After the Imperial Turn: Thinking With and Through the Nation* (Durham, NC, 2003); Ulf Hedetoft, *The Global Turn: National Encounters with the World* (Aalborg, 2003); Winfried Fluck, Donald E. Pease, e John Carlos Rowe (Orgs.), *Re-Framing the Transnational Turn in American Studies* (Hanover, NH, 2011); Durba Ghosh, "Another Set of Imperial Turns?", *American Historical Review*, v. 117, p. 772-793, 2012.

[93] Jo Guldi, "What is the Spatial Turn?", 2011, disponível em: <http://spatial.scholarslab. org/spatial-turn/>, acesso em: 25 abr. 2018; David Armitage, "The International Turn in Intellectual History", *in* Armitage, *Foundations of Modern International Thought* (Cambridge, 2013), p. 17-32; também in Darrin M. McMahon e Samuel Moyn (Orgs.), *Rethinking Modern European Intellectual History* (Nova York, 2014), p. 232-252.

– a principal revista dos historiadores de língua inglesa – organizou um grande foro sobre "viradas" historiográficas (intitulado *Historiographic "Turns" in Critical Perspective*) para examinar o fenômeno.[94] As assim chamadas "viradas críticas" confirmaram aos historiadores profissionais que estamos diante de uma nova maneira de abordar nossas fontes e nossos temas. Mas, como assinalaram os autores da *American Historical Review*, mesmo as viradas críticas podem se tornar banais. Podem mascarar velhos padrões de pensamento que se tornaram arraigados. Por mais amplos que sejam nossos questionamentos, por muito que tenham documentado a construção de novas facetas da experiência humana – a espacial, a temporal ou a emocional –, as respostas da história tenderam, até recentemente, a se distinguir por uma marca comum: sua estreita e intensa concentração no passado breve.

O passado breve não se limitou à história social, nem aos historiadores profissionais norte-americanos. Mais ou menos na mesma época, em Cambridge, um grupo de historiadores do pensamento, liderados por Quentin Skinner, iniciava seu ataque às diversas tendências de reconstrução histórica, no âmbito da história intelectual, em termos de longo alcance – em particular à história diacrônica das ideias de Arthur Lovejoy e à abordagem canônica das "grandes obras", com as quais geralmente era ensinada a teoria política –, propondo uma contextualização retórica e temporal a mais rigorosa possível. Isso foi interpretado como uma reação ao colapso das grandes narrativas na Grã-Bretanha do pós-guerra, em particular ao recuo do Império e ao desmoronamento da cristandade: "Concentrar-se no contexto assegurava um estudo mais rigoroso, ao mesmo tempo que se tentava evitar toda mitologia política, velha ou nova".[95] A contextualização da assim chamada Escola de Cambridge concentrava-se quase que exclusivamente nos contextos sincrônicos e de curto prazo para analisar fenômenos considerados como movimentos no interior de jogos linguísticos orquestrados com precisão

---

[94] Judith Surkis, Gary Wilder, James W. Cook, Durba Ghosh, Julia Adeney Thomas e Nathan Perl-Rosenthal, "AHR Forum: Historiographic 'Turns' in Critical Perspective", *American Historical Review*, v. 117, p. 698-813, 2013.

[95] Emile Perreau-Saussine, "Quentin Skinner in Context", *Review of Politics*, v. 69, p. 110, 2007.

ou como atos de fala específicos, não como manifestações de ideias atemporais ou de conceitos duradouros.

Os inimigos originários dos contextualistas eram os Whigs, Marx, Namier e Lovejoy, mas seus esforços foram interpretados como um ataque ao anacronismo, à abstração e, mais em geral, à grande teoria. Até mesmo o esforço do próprio Skinner em 1985 para promover "o retorno da grande teoria" nas ciências humanas viu-se cercado pelo paradoxo de que muitos dos pensadores que inspiraram ou representavam esta revanche – entre eles, Wittgenstein, Kuhn, Foucault e Feyerabend – expressavam "uma vontade de enfatizar o local e o contingente [...] e um correspondente e pronunciado desprezo [...] por todo tipo de teorias omnicompreensivas e de esquemas explicativos únicos". Nos anos 1980, informes sobre o retorno da grande teoria pareciam exagerados, porque, longe de retornar, ela empreendia, como a coruja de Minerva, o seu voo crepuscular.[96] Foi somente ao final dos anos 1990, quando o próprio Skinner retornou a estudos de mais amplo alcance – o de Thomas Hobbes na tradição da retórica que remontava à Cícero e a Quintiliano; o das teorias neorromanas da liberdade, que derivavam do *Digesto* do direito romano; e o das concepções do republicanismo, do Estado e da liberdade na história pós-medieval –, que pressagiaram um retorno mais amplo à *longue durée* entre historiadores do pensamento.[97]

A partir de fins da década de 1970, amplos setores da comunidade dos historiadores entraram, quase simultaneamente, numa fase de retirada em direção a estudos de breve duração em múltiplos campos, da história social à história intelectual. A tensão entre as sínteses do historiador de *longue durée* e a história documental ou a biografia não é nada

[96] Quentin Skinner, "Introduction: The Return of Grand Theory", in Skinner (Org.), *The Return of Grand Theory in the Human Sciences* (Cambridge, 1985), p. 12.

[97] Quentin Skinner, "The Vocabulary of Renaissance Republicanism: A Cultural longue durée?", *in* Alison Brown (Org.), *Language and Images of Renaissance Italy* (Oxford, 1995), p. 87-110, e com relação a Skinner, *Reason and Rhetoric in the Philosophy of Hobbes* (Cambridge, 1996); Skinner, *Liberty Before Liberalism* (Cambridge, 1998); Skinner e Martin van Gelderen (Orgs.), *Republicanism: A Shared European Heritage,* 2 v. (Cambridge, 2002); Skinner, "A Genealogy of the Modern State", *Proceedings of the British Academy*, v. 162, p. 325-370, 2009; e Skinner e Van Gelderen (Eds.), *Freedom and the Construction of Europe*, 2 v. (Cambridge, 2013). Comparar com Darrin M. McMahon, "The Return of the History of Ideas?", in McMahon e Moyn (Orgs.), *Rethinking Modern European Intellectual History*, p. 13-31; Armitage, "What's the Big Idea?".

nova. Escalas temporais curtas tiveram, certamente, seu lugar literário antes de influenciar a produção de obras históricas. De *Vidas paralelas*, de Plutarco, a *Vidas dos engenheiros* (1874-1899), de Samuel Smiles, a biografia havia constituído sempre um instrutivo substrato moral para a escrita da história, frequentemente centrada numa suposta categoria diacrônica do "caráter" visível nestas biografias exemplares.[98] Ênfase na história a curto prazo irrompia também onde quer que se fazia uso da história para decidir entre visões de longo prazo em conflito umas com as outras. De acordo com Lorde Acton, a aquisição de documentos e o exaustivo exame de arquivos locais e eclesiásticos por parte de Michelet, Mackintosh, Buscholtz e Mignet estavam ligados ao desejo de estabelecer qual teria sido o legado da Revolução Francesa, fosse para interpretá-la como "um episódio estranho" e uma rebelião contra a autoridade natural ou, pelo contrário, como "o fruto maduro de toda a história".[99] Disso resultou uma revolução na maneira de considerar os documentos, que mudou o papel do historiador de artista da narração e da síntese a crítico político que dirime debates controvertidos com base numa leitura exata de documentos precisos. A história institucional, nesse papel, assumiu a tarefa de interpretar a tradição liberal, efetivada por meio de estudos dedicados a momentos decisivos, como *L'Angleterre en 1815*, de Élie Halévy, publicado em 1913. As histórias de curto prazo centravam-se com frequência na exposição de tipo jornalístico, sobre controvérsias particulares e períodos que eram objeto de debate, como, por exemplo, no caso de *The Long Week-End* (1940), do poeta Robert Graves, uma meditação sobre o definhar do utopismo presente no início da Primeira Guerra Mundial, revisitado com a perspectiva da distância no começo de uma Segunda Guerra.[100]

A preocupação com a especialização – com o "saber cada vez mais sobre cada vez menos" – acompanhou por muito tempo o desenvolvimento da profissionalização e da competência, primeiramente

---

[98] David Knowles, *The Historian and Character* (Cambridge, 1955).

[99] John Emerich Edward Dalberg Acton, Lectures on Modern History (Londres, 1906), p. 14.

[100] Elie Halévy, *Histoire du peuple anglais au XIXe siècle*, I: *L'Angleterre en 1815* (Paris, 1913); Robert Graves, *The Long Week-End: A Social History of Great Britain, 1918-1939* (Londres, 1940).

nas ciências, e a seguir, a partir dos anos de 1920, nos setores mais amplos (ver Graf. 3). Três décadas depois, o novelista britânico Kingsley Amis, no romance *Lucky Jim*, de 1953, satirizou com argúcia os condicionamentos que a profissionalização impunha aos historiadores mais jovens. O personagem que dá o título à obra, Jim Dixon, é um jovem docente desafortunado, de uma universidade de província, que se inquieta durante toda a novela com o destino do artigo que lhe deveria render os galões profissionais. O tema do artigo é "a influência econômica dos desenvolvimentos nas técnicas de construção naval, de 1450 a 1485", que o narrador escarnece sem misericórdia. "Era um título perfeito" – observa o narrador – "posto que cristalizava a irritante estupidez do texto, seu fúnebre desfile de fatos chatíssimos, a falsa luz lançada sobre falsos problemas". Contudo, decorridos apenas poucos anos da publicação de *Lucky Jim*, um orientador consciencioso teria desencorajado uma tese sobre tema tão absurdamente ambicioso e de tal amplitude.[101]

Gráfico 3 - Usos da expressão "cada vez mais sobre cada vez menos coisas" (1900-1990)

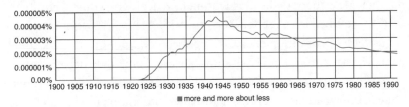

Fonte: Google Ngram Viewer.

Mas, antes da década de 1970, nunca havia acontecido de uma geração inteira de historiadores profissionais se rebelar tão decisivamente contra o pensamento de *longue durée*, quando estudiosos nascidos durante o *baby-boom* repudiaram um estilo de escrita de destacados e engajados historiadores pertencentes à geração imediatamente anterior à sua. As obras de historiadores marxistas – da *Formação da classe operária inglesa* (1963), de Edward Thompson, a *Roll, Jordan, Roll* (1974), de Eugene

---

[101] Kingsley Amis, *Lucky Jim* (1953) (Nova York, 2012), p. 9; David Cannadine, "British History: Past, Present – and Future?", *Past and Present*, v. 116, p. 177, 1987.

Genovese – tomavam emprestadas técnicas do estudo do folclore, como a análise de baladas, chistes e figuras retóricas, para reconstruir a cultura da classe trabalhadora e dos escravos e as difusas tensões entre classes subalternas e elite.[102] No começo da década de 1970, essa vontade de caracterizar grandes momentos históricos modificou-se na obra de historiadores sociais do trabalho com Joan Wallach Scott e William Sewell, que centraram suas pesquisas sobre uma única fábrica ou sobre modelos de interação num único bairro, importando da sociologia uma específica atenção para com atores e detalhes individuais.[103] Certamente, a atenção concentrada desses historiadores não entrava necessariamente em conflito com perspectivas mais amplas: o estudo de Sewell sobre trabalho e revolução na França abarcava várias décadas, "do Antigo Regime a 1848". Tampouco podiam os micro-historiadores operar uma reflexão sem um quadro de *longue durée*. Contudo, mais que escrever suas próprias longas versões de história, os historiadores do passado breve tenderam a deixar isso nas mãos de teóricos sociais alemães e franceses das décadas de 1960 e 1970. As histórias multisseculares de Michel Foucault sobre sexualidade, disciplina, prisões e ordem governamental ofereciam um quadro interpretativo de longo prazo (e cético quanto ao progresso institucional) para não poucos historiadores da fertilidade, da educação, do bem-estar e de estatística na dimensão do passado breve, enquanto o relato otimista de Jürgen Habermas da vida pública do século XVIII oferecia um quadro alternativo.[104] A prisão e os cafés tornaram-se assim os dois polos da macro-história, o relato pessimista e o otimista das instituições modernas, o quadro de referência no interior do qual os micro-historiadores do passado breve, inseriam as suas mais detalhadas reconstruções.

[102] E. P. Thompson, *The Making of the English Working Class* (Londres, 1963); Eugene D. Genovese, *Roll, Jordan, Roll: The World the Slaves Made* (Nova York, 1974).

[103] Joan Wallach Scott, *The Glassworkers of Carmaux: French Craftsmen and Political Action in a Nineteenth-Century City* (Cambridge, MA, 1974); William Sewell, Jr., *Work and Revolution in France: The Language of Labor from the Old Regime to 1848* (Cambridge, 1980).

[104] Michel Foucault, *Discipline and Punish: The Birth of the Prison*, tradução de Alan Sheridan (Nova York, 1979); Jürgen Habermas, *The Structural Transformation of the Public Sphere: An Inquiry into a Category of Bourgeois Society*, tradução de Thomas Burger com a assistência de Frederick Lawrence (Cambridge, MA, 1989).

Citadas ou não, essas teorias orientaram muitos trabalhos detalhados do passado breve, no campo da história, da sociologia histórica e da geografia histórica.[105] Assim, a partir de 1968 até aproximadamente 2000, muitos pesquisadores dessas disciplinas viram-se temporalmente dispensados da obrigação de ter um pensamento original sobre o passado e seu significado para o futuro. A tarefa de compreendê-lo passou das generalizações sobre grandes agregados à micropolítica e aos êxitos ou fracassos de batalhas particulares no quadro mais amplo das lutas de classes.

★★★

Nas décadas posteriores a 1968, o passado breve chegou a ser dominante na formação dos futuros historiadores. Os manuais modernos destinados o ensinar como fazer pesquisa centravam-se – pelo menos os que se editaram nos Estados Unidos – na necessidade de restringir as problemáticas à especificidade do período de tempo considerado. Por exemplo, o manual clássico norte-americano para aspirantes a historiadores, escrito por Florence N. McCoy em 1974, seguia o percurso de uma estudante que deve escolher um tema de pesquisa. Ao final, a estudante reduz sua vontade de pesquisar sobre Oliver Cromwell em geral (tema demasiado amplo para McCoy) para pesquisar Cromwell no momento preciso da união da Escócia à Inglaterra. De acordo com esta visão da educação universitária, o segundo tema é mais apropriado que o anterior porque ensina o estudante a emular a especialização de uma sociedade regida por especialistas, cada um dos quais competindo, em termos de estreiteza, com seus colegas do mesmo setor. A temática restrita à Cromwell e à união dos dois reinos é muito adequada para esta lição de concentração no trabalho, uma vez que "brinda a oportunidade de aprender algo que somente o especialista em relações diplomáticas anglo-escocesas conhece".[106]

---

[105] Thomas Laqueur, *Making Sex: Body and Gender from the Greeks to Freud* (Cambridge, MA, 1990); Theodore M. Porter, *Trust in Numbers: The Pursuit of Objectivity in Science and Public Life* (Princeton, NJ, 1995); Miles Ogborn, *Spaces of Modernity: London's Geographies, 1680-1780* (Londres, 1998); Vanessa R. Schwartz, *Spectacular Realities: Early Mass Culture in Fin-de-Siècle Paris* (Berkeley, 1998).

[106] Florence N. McCoy, *Researching and Writing in History: A Practical Handbook for Students* (Berkeley, 1974), p. 3-6.

O PASSADO BREVE: OU, A RETIRADA DA *LONGUE DURÉE*

Neste setor os preconceitos foram mudando ao longo do período transcorrido para a formação. Até os anos 1970, era normal um historiador criticar o trabalho de um colega pela irrelevância de um tema visto numa perspectiva excessivamente estreita. Essas acusações de estreiteza eram lançadas uma e outra vez contra os historiadores jovens nos anos sessenta e setenta. Quando eles se ocupavam de períodos tão curtos quanto cinquenta anos, os críticos reagiam negativamente. Um deles, na resenha ao livro *Land and the National Question in Ireland, 1858-1882*, de Paul Bew, publicado em 1979, não se impressionou ao descobrir que na realidade o trabalho se limitava aos três anos compreendidos entre 1879 e 1882, mesmo felicitando o autor por seu detalhado estudo dos níveis de vida e das expectativas materiais.[107] Mesmo grandes panoramas históricos podiam ser objeto de desaprovação se seu título e introdução parecessem prometer mais. Quando Rodney Barker publicou uma história do que ele chamou "Grã-Bretanha moderna", mas que apenas tratava de um século, um crítico escarneceu-o por cobrir unicamente o período que ia de 1880 a 1975, acusando-o de se ocupar de um período "demasiadamente curto".[108]

Mas por volta de 1979, os tempos estavam mudando e a acusação de "demasiado curto" já não era tão escandalosa. Quando em 1933, Arthur Schlesinger Sr. publicou sua história do pluralismo racial norte-americano intitulada *The Rise of the City, 1878-1898*, a obra sobre duas décadas formava parte de um ambicioso projeto de vários autores e em vários volumes que se propunha seguir a trajetória dos Estados Unidos desde os seus inícios. Sua introdução apresentava uma visão panorâmica de cidades na Pérsia e Roma, mas a pesquisa de Schlesinger girava em torno das dinâmicas migratórias que caracterizaram as duas décadas precedentes ao nascimento do autor. Horrorizado pela estreiteza do foco temporal desse estudo, o historiador Carl Becker, da universidade de Cornell e colega de Schlesinger, acusou-o de fatiar a história em

---

[107] Paul Bew, *Land and the National Question in Ireland, 1858-1882* (Atlantic Highlands, NJ, 1979); L. M. Cullen, "Review", *The Agricultural History Review*, v. 28, p. 140, 1980.

[108] Rodney Barker, *Political Ideas in Modern Britain: In and After the Twentieth* Century (Londres, 1978); Leon D. Epstein, "Review", *Albion: A Quarterly Journal Concerned with British Studies*, v. II, p. 189-190, 1979.

MANIFESTO PELA HISTÓRIA

períodos curtos demais para deles poder extrair algum conhecimento. Na universidade em expansão das décadas de 1960 e 1970, os dados estavam se tornando sempre mais importantes e Schlesinger foi elevado a cânone. Por volta de 1965, quando ele morreu, seus colegas de Harvard acusaram por sua vez Becker de "fazer extensas generalizações sobre longos períodos históricos". O reproche oficial de fracasso havia passado de "demasiado curto" para "demasiado longo".[109]

À medida que o passado breve se convertia numa regra, os historiadores passaram a ignorar sempre mais a arte de relacionar o tempo profundo com o futuro. Pelo menos no mundo de fala inglesa, era raro ver micro-historiadores darem-se ao trabalho de contextualizar seus horizontes temporais breves a um leitor comum; eles apostavam num jogo em que se premiava a intensa subdivisão do conhecimento. Numa universidade mais intensamente engajada na divisão do trabalho, havia sempre menos espaço para um pesquisador jovem escrever com o olhar posto no grande público ou na perspectiva temporal profunda que tal tipo de escrita com frequência requeria. Isso fazia parte de uma retirada mais geral das grandes narrativas naquilo que o historiador norte-americano da cultura, Daniel Rodgers, chamou de a "era da fratura", que se define essencialmente pela contração dos horizontes temporais: "Em meados do século XX, a presença massiva, inescapável, extraordinária da história fizera sentir seu peso no discurso social. Falar seriamente significava falar de longos movimentos do tempo considerados em sua grande escala". Por volta dos anos 1980, a teoria da modernização, o marxismo, "as teorias do desenvolvimento econômico de longo prazo e do atraso cultural, o caráter inexorável do ciclo econômico e a *longue durée* dos historiadores", tudo isso, fora substituído por um sentido abreviado do tempo, centrado num único momento breve: o aqui e agora do presente imediato.[110]

Nessa década de 1980, os historiadores dos dois lados do Atlântico começaram a se lamentar do fato de a especialização ter criado uma aguda fragmentação na sua área. "A pesquisas históricas

---

[109] Arthur Schlesinger, Sr. *The Rise of the City, 1878-1898* (Nova York, 1933); Donald Fleming *et al.*, "Arthur Meier Schlesinger: February 27, 1888-October 30, 1965", *The Journal of Negro History*, v. 5, p. 147, 1967.

[110] Daniel T. Rodgers, *Age of Fracture* (Cambridge, MA, 2011), p. 255.

se estão ramificando em centenas de direções, sem coordenação algu-ma entre elas [...] uma síntese num todo coerente, mesmo para áreas limitadas, parece quase impossível", observava em 1981, o america-nista Bernard Bailyn, em seu discurso como presidente da *American Historical Association* (AHA). "O desafio da historiografia moderna", como a definiu, consistia precisamente "em por ordem em vastas áreas da história, para assim devolver esse saber [...] a um público leitor mais amplo, por meio de obras sintéticas, de estrutura narrativa, sobre temas fundamentais".[111] Pouco depois, em 1985, outro ex-presidente da *AHA*, o historiador da era da revolução democrática estudada na perspectiva da *longue durée*, R. R. Palmer, assim se lamentava de seu próprio canteiro de pesquisa, a história francesa: "A especialização tornou-se extrema [...] é difícil entender como tal especialização possa contribuir à educação dos jovens ou à ilustração do público".[112] E em 1987, o jovem historiador britânico, David Cannadine, condenava de modo semelhante o "culto da profissionalização", que significava "um número cada vez maior de historiadores acadêmicos escrevendo cada vez mais história acadêmica que cada vez menos leitores leem". O resultado, advertia Cannadine, "era que, com muita frequência, o papel do historiador como mestre público ficou completamente destruído".[113] A profissionalização tinha levado à marginalização. Os historiadores ficaram cada vez mais desligados dos leitores não especializados, posto que somente falavam entre si de temas cada vez mais restritos, estudados em escalas cada vez mais reduzidas.

Peter Novick, em sua moralizante biografia da profissão de historiador nos Estados Unidos, intitulada *The Noble Dream*, de 1988, viu a década de 1980 como o momento em que se tornara claro que a fragmentação era endêmica e que "não havia rei em Israel". A virada antropológica, com sua ênfase na "descrição densa"; a exportação

---

[111] Bernard Bailyn, "The Challenge of Modern Historiography", *American Historical Review*, v. 87, p. 2, p. 4, p. 7-8, 1982.

[112] R. R. Palmer, "A Century of French History in America", *French Historical Studies*, v. 14, p. 173-174, 1985; David Armitage, "Foreword", *in* Palmer, *The Age of the Democratic Revolution: A Political History of Europe and America, 1760-1800*, nova edição (Princeton, NJ, 2014), p. xv–xxii.

[113] Cannadine, "British History: Past, Present – And Future?", p. 176-177.

da micro-história da Itália via França; a desestabilização do sujeito liberal pela política de identidade e pela teoria pós-colonial; o emergente ceticismo com relação às grandes narrativas diagnosticado por Jean-François Lyotard: todas essas coisas foram forças centrífugas que dilaceraram o tecido da história.[114] Contudo, as jeremiadas como as de Bailyn, Palmer, Cannadine e Novick eludiam talvez o ponto central: o fato de que a desintegração da profissão era um sintoma secundário de uma tendência mais ampla, a do triunfo da breve duração.

A combinação de perícia arquivística, micro-história e ênfase na contingência e no contexto – alimentada por uma atitude de suspeita para com as narrativas de ampla escala, por uma hostilidade para com o teleologismo whig, e por um antiessencialismo em constante avanço – determinaram em grandes setores da profissão histórica uma crescente concentração no sincrônico e no curto prazo. A insistência no estudo de casos, nos atores individuais, e nos atos de fala específicos, deslocaram pouco a pouco os modelos de longo alcance de Braudel, Namier, Mumford, Lovejoy e Wallerstein em favor da micro-história de Darnton, Davis e outros. Há apenas uma década, um historiador francês de história norte-americana observava com uma certa irritação: "uma abordagem em termos de *longue durée* poderia parecer antiquada hoje, quando o pós-modernismo impele os estudiosos a fazer pesquisas fragmentárias e fugazes, mas permanece um ideal assintótico ao qual podemos tender, mesmo sem o alcançar jamais".[115] Contudo, como bem compreenderam os fundadores da micro-história, uma história, para ser capaz de nos impressionar, depende forçosamente de uma leitura crítica dos dados, e com frequência de uma análise de dados de natureza muito variada. Uma história crítica desse tipo serve a um propósito público, que consiste em sintetizar os dados disponíveis das várias fontes e em dar cabo das ilusões hoje florescentes acerca de nosso passado coletivo e de seu significado. Mas o passado breve necessita recuperar certas formas de engajamento com as grandes questões que contribuíram para o seu nascimento em 1968.

---

[114] Peter Novick, *That Noble Dream: The "Objectivity Question" and the American Historical Profession* (Cambridge, 1988), p. 577-592; Jean-François Lyotard, *La Condition postmoderne. Rapport sur le savoir* (Paris, 1979), p. 7.

[115] Jean Heffer, "Is the Longue Durée Un-American?", *Review*, v. 24, p. 137, 2001.

Nessa época de aquecimento global e de guerras iminentes pela posse de terra e água, histórias de lutas de classes pelo domínio de recursos e sua distribuição no interior das sociedades e entre as mesmas são mais necessárias que nunca. Nos últimos quarenta anos, o público tem abraçado uma série de mitos amplamente difundidos acerca de nosso passado de longo prazo e de seu significado para o futuro, sendo que quase nenhum deles foi formulado por historiadores profissionais. Entre esses mitos incluem-se o apocalipse climático, o fim da história e a predestinação da espécie ao capitalismo. Relatos de longo prazo sobre consumos públicos têm com frequência se mostrado conflitantes entre si, como a narrativa climática que declara a iminência do apocalipse na ausência de intervenção governamental e a narrativa neoliberal segundo a qual um mercado livre produzirá automaticamente novas formas de tecnologia que atenuarão os efeitos mais nefastos da mudança climática. A história tem o poder de desestabilizar essas narrativas omnicompreensivas. Uma das contribuições mais importantes do passado breve consistiu em demonstrar a falsidade das mitologias de proporções continentais, que haviam contaminado profundamente a biologia evolucionista, a economia, a antropologia e a política. Podemos ler os debates de economistas sobre estratégias a serem adotadas para o mundo em desenvolvimento, travados em anos tão recentes quanto a década de 1960, e ficarmos estupefatos com a invocação à raça, misturadas às tradições históricas, para sustentar que a Índia e a China sofriam de uma inata carência de psicologia do desenvolvimento para se relacionar com o mundo material e, consequentemente, com tudo que diz respeito à tecnologia e à engenharia. Já não pensamos dessa maneira, em grande parte graças às contribuições dos trabalhos de historiadores nas décadas posteriores a 1975. O mito da superioridade da raça branca, forjado com dados médicos espúrios. O mito de que a guerra civil norte-americana foi causada por uma doutrina política dos direitos dos Estados mais do que pelos abusos do escravismo. O mito dos benefícios do colonialismo ocidental. O mito da superioridade ocidental. O mundo seria hoje muito diferente se essas várias formas de folclore intelectual não tivessem sido submetidas a exame, postas em confronto e trazidas à luz por uma geração de historiadores críticos que adotaram a perspectiva da virada cultural e da pós-colonial.

Os historiadores já não acreditam na mitologia segundo a qual o mundo foi modelado essencialmente pela influência do império ocidental com vistas ao bem-estar econômico, mas muitos economistas continuam a acreditar nela. Faz vinte anos que William A. Green explicou como cada reescrita da história modifica nossa avaliação de quando um acontecimento começa e quando termina, oferecendo uma oportunidade de libertação das "camisas de força intelectuais" que definem outros campos.[116] Um dos principais modos de utilizar os dados do passado é trazer à luz casos de repetição compulsiva, padrões que se revelam nos arquivos. Os dados de longo prazo de nosso passado podem ser mobilizados para intervir nos confusos debates de economistas e climatologistas simplesmente mostrando como os especialistas se deixam condicionar por velhos esquemas operativos e ideológicos. Além disso, os dados digitais agora à disposição de climatologistas e de analistas políticos – provenientes de periódicos digitalizados, registros parlamentares e revistas profissionais – refletem o trabalho das instituições próprias da modernidade. Esses arquivos servem igualmente de suporte a uma *durée* mais longa e a uma leitura contextual mais densa do que muitas teses escritas nos últimos trinta anos. Mas sua *longue durée* corresponde ainda a uma escala temporal de décadas ou de séculos.

Uma sociedade da informação como a nossa necessita de especialistas em sínteses e de árbitros que falem a respeito do uso que fazemos das tabelas de dados sobre o clima e dos indicadores econômicos. Necessita de guias cujo papel consista em examinar os dados recolhidos, as histórias contadas e as ações que daí se seguem, assim como em relevar as continuidades, as descontinuidades, as mentiras, a má gestão e a confusão total que se produz durante o processo. Mas, acima de tudo, necessita fazer com que essas grandes histórias resultem compreensíveis ao público ao qual procura dar indicações sobre horizontes futuros e seus significados.

Uma história sofisticada que nos explique de onde procedem seus próprios dados tem muito a oferecer a uma sociedade democrática. Na maioria das disciplinas universitárias de hoje, a formação profissional serve para afastar um estudioso do público, convertendo-o num "especialista" cuja linguagem e modo de escrever tem por característica o

---

[116] William A. Green, "Periodization in European and World History", *Journal of World History*, v. 3, p. 13, 1992.

emprego de fórmulas e palavras-chave incompreensíveis. Mas o narrar história remonta a uma época anterior à dos especialistas e sua forma é intrinsecamente democrática. Tal como a narração oral ou o futebol, a história é uma atividade à qual todos os homens, mulheres e crianças podem ter acesso, que se pode praticar autonomamente, mesmo que apenas pesquisando palavras-chave, ou consultando arquivos históricos locais, ou rastreando nomes impressos em velhas lápides funerárias.[117] Em forma de relato, a história – essa antiquíssima ferramenta humana para transmitir lembranças – condensa um enorme volume de dados do passado, tornando-o um patrimônio que pode ser transmitido e que se estende até se constituir numa rica mescla de materiais úteis para compreender o que acontecerá. Falar do futuro em termos de nosso passado comum é um método que abre a possiblidade para que qualquer um possa propor uma posição alternativa sobre o sentido que nosso futuro deve tomar. Sempre é possível a alguém examinar os dados por conta própria e discordar dos especialistas.

Se, por exemplo, queremos que um mundo complexo e globalizado como o nosso consiga superar a fome ou o deslocamento perpétuo e apátrida de populações pauperizadas, faz-se necessário um diálogo democrático sobre nosso passado e os possíveis caminhos para o futuro. Posta à serviço do futuro público, a história pode contrastar os fundamentalismos dos cientistas e dos economistas que pregam o controle da riqueza por uma elite ou o monitoramento científico de todos os sistemas terrestres como único meio possível de evitar a catástrofe. A história pode abrir outras opções, e envolver o público no diálogo e numa renovada imaginação sobre as muitas formas possíveis de sustentabilidade.

Debates populares numa ótica de longo prazo, seja sobre o clima, o governo internacional, ou a desigualdade, assumem com frequência a forma de raciocinar com muitos tipos diferentes de acontecimentos do passado remoto. Uma história popular como *Collapse: How Societies Choose to Fail or Succed*, de Jared Diamond,

---

[117] Rebecca Amato e Jeffrey T. Manuel, "Using Radical Public History Tours to Reframe Urban Crime", *Radical History Review*, v. 113, p. 212-224, 2012; Jo Guldi, "Landscape and Place", *in* Simon Gunn e Lucy Faire (Orgs.), *Research Methods for History* (Edinburgh, 2012), p. 66-80.

publicada em 2005, delineia um cativante relato do destino de sociedades golpeadas pela peste, articulando evidências arqueológicas com a história da extinção de espécies e com o desenraizamento de grupos étnicos. Contudo, mesmo um livro como esse carece daquele profundo engajamento característico de historiadores do passado breve como Natalie Zemon Davis ou Robert Darnton. No cerrado confronto com os arquivos, os historiadores devem tomar em consideração muitos tipos de dados – do conto de fadas ao documento de arquivo e ao livro propriamente dito com sua encadernação e suas ilustrações. Para poder tecer relatos de indivíduos e de famílias sem nenhuma notoriedade, sobre as quais nunca se havia escrito antes, os micro-historiadores tornaram-se mestres no uso de múltiplos tipos de evidências – arqueológicas, arquitetônicas, estatísticas, tecnológicas, econômicas, políticas e literárias – para completar o relato sobre como foi vivido o passado. A micro-história e outros estudos do passado breve alcançaram altíssimos níveis de sofisticação na inspeção constrangente da experiência do passado; foram mestres no emprego de uma grande variedade de dados. O que o passado breve pode ainda hoje nos ensinar é a arte de examinar rigorosamente os detalhes, quando a perspectiva possível de mais longo prazo não resulta sempre a mais adequada. A. J. P. Taylor afirmou uma vez ironicamente que quem vai a procura de causas de longo prazo se parece com o motorista que declara ao policial que o culpado por seu acidente foi o inventor do motor de combustão interna.[118] Quando passamos por alto os detalhes, as perguntas relativas ao quadro panorâmico perdem significado – a elas não se responde mais com os dados, mas com uma especulação na qual os dados são reduzidos a anotações à margem.

Há poucos exemplos mais brilhantes de reducionismo e de seu contrário do que o das discussões sobre a desigualdade na Grã-Bretanha vitoriana, tema que constituiu um campo de pesquisa importante para os historiadores que se formaram na época em que dominava o passado breve. Sobre o período vitoriano se pesquisou e escreveu quer nos departamentos de história quer nos de economia, com o máximo grau de concentração. Contudo, o desacordo entre as duas disciplinas

---

[118] Jared Diamond, *Collapse: How Societies Choose to Fail or Succeed* (Londres, 2005); A. J. P. Taylor, *The Origins of the Second World War* (Londres, 1961), p. 102.

não poderia ter sido maior a respeito do que aconteceu naquela época. Cada uma delas mede um único índice ou talvez compara entre si índices distintos de bem-estar: criminalidade com estatura, educação com riqueza no momento da morte, migração com salários. Com base nesses dados, alguns economistas chegaram à conclusão de que no século XIX houve progressos em matéria de igualdade, oportunidade e empreendedorismo. Entre os historiadores econômicos que se ocuparam da desigualdade oitocentista, um número surpreendente chegou à conclusão de que a industrialização do século XIX teve como consequência uma melhoria na alimentação dos pobres, ao passo que o "socialismo" do século XX teve como resultado maiores impostos e o congelamento das oportunidades sociais.[119] De acordo com os economistas, estas cifras demonstram de maneira conclusiva que o capitalismo eliminou a desigualdade durante o século XIX e que poderia voltar a fazê-lo.

Da perspectiva dos historiadores mais radicais, o que caracterizou a experiência vitoriana foi a repressão policial, a demonização dos pobres e o maltrato a que foram submetidos por parte das novas instituições políticas e, finalmente, os esforços extremos tendentes a promover a consciência de classe e a organização política em nome dos pobres e das minorias raciais. Uma rica documentação sobre o crescimento do Estado e o incremento das medidas de bem-estar social ao longo de um século parecem sugerir outros modos de proceder, e um quadro mais imparcial, que, às vezes, põe em discussão a ideia de um Estado visto como uma fonte autoritária da divisão de classes, e, outras vezes, levanta interrogações com relação às modalidades com as quais o poder civil é canalizado a partir de baixo, se através da imprensa ou mediante a comunicação verbal interpessoal.[120] Em muitos livros e artigos publicados sobre

---

[119] Paul Johnson e Stephen Nicholas, "Male and Female Living Standards in England and Wales, 1812-1867: Evidence from Criminal Height Records", *The Economic History Review*, v. 48, p. 470-481, 1995; Joel Mokyr, *The Gifts of Athena: Historical Origins of the Knowledge Economy* (Princeton, NJ, 2002); Jason Long, "Rural–Urban Migration and Socio-economic Mobility in Victorian Britain", *The Journal of Economic History*, v. 65, p. 1-35, 2005; Jason Long, "The Surprising Social Mobility of Victorian Britain", *European Review of Economic History*, v. 17, p. 1-23, 2013.

[120] Patrick Joyce, *Work, Society, and Politics: The Culture of the Factory in Later Victorian England* (Brighton, 1980); Gareth Stedman Jones, *Languages of Class: Studies in English*

as mesmas localidades e datas que haviam sido tratadas pelos economistas, historiadores examinaram diários pessoais e panfletos de operários da indústria têxtil, a quantidade de alimento que era dada nas prisões e as demandas judiciais que os residentes em asilos de pobres apresentavam contra os administradores dessas casas de trabalho, que os faziam morrer de fome ou os flagelavam violando os regulamentos oficiais – tudo constituindo um conjunto de fatores muito mais denso do que o observado pelos economistas.[121] Graças a essa diversa modalidade de recolher os dados, os artigos dos historiadores oferecem outras sugestões sobre o futuro, incluindo a importância da democracia participativa, mas muito raramente confirmando que a Revolução Industrial pôs a Inglaterra vitoriana num percurso modelar em direção ao consenso civil, a uma relativa igualdade de renda e de oportunidade para todos.

Até mesmo os próprios acontecimentos podem ser caracterizados de modo muito diferente em função da variedade e estratificação dos dados. Por exemplo, os economistas que, num artigo de 2002, propuseram um modelo alternativo da história do desenvolvimento, celebraram a queda do preço dos cereais para os trabalhadores, durante a década de 1870, como uma demonstração de que, a partir de 1500, o capitalismo, apesar de aprofundar as desigualdades de renda gerou no final das contas "um poder aquisitivo real" para todos, inclusive a classe operária.[122] Esses mesmos dados relativos ao barateamento dos alimentos são interpretados de modo completamente oposto pelos historiadores, que os explicam como o indubitável resultado de décadas

---

Working Class History, 1832-1982 (Cambridge, 1983); Joyce, *Visions of the People: Industrial England and the Question of Class, 1848-1914* (Cambridge, 1991); James Vernon, *Politics and the People: A Study in English Political Culture, c. 1815-1867* (Nova York, 1993); James Epstein, *Radical Expression: Political Language, Ritual, and Symbol in England, 1790-1850* (Nova York, 1994); Epstein, *In Practice: Studies in the Language and Culture of Popular Politics in Modern Britain* (Stanford, 2003).

[121] David R. Green, "Pauper Protests: Power and Resistance in Early Nineteenth-Century London Workhouses", Social History, v. 31, p. 137-159, 2006; *Green, Pauper Capital London and the Poor Law*, 1790-1870 (Farnham, 2010); David Englander, *Poverty and Poor Law Reform in Nineteenth-Century Britain*, 1834-1914: From Chadwick to Booth (Londres, 2013).

[122] Philip T. Hoffman *et al.*, "Real Inequality in Europe Since 1500", *The Journal of Economic History*, v. 62, p. 322-355, 2002.

de organização operária em apoio aos trabalhadores de Manchester preocupados porque o salário era insuficiente para comer. De fato, é razoável supor que o momento de diminuição da desigualdade por volta de 1870 teve menos a ver com o avanço do comércio internacional do que com o surgimento da organização operária, depois de décadas de repressão estatal, um momento que se tornou possível pelas contínuas reuniões públicas de trabalhadores para compartilhar ideias e experiência e organizar um programa de reforma política.[123] Essa é, certamente, uma narrativa de atores sociais; dificilmente de uma vitória atribuível ao capitalismo de livre mercado. Contudo, os dados induzem a conclusões erradas se examinados como constituindo um único aspecto da experiência história. As avaliações do passado, quer positivas quer negativas, com base na economia, abstraem dimensões particulares da experiência – os salários, o preço dos cereais ou a estatura –, considerando-as como indicadores de liberdade, de democracia ou de felicidade.[124]

Para dar um exemplo mais concreto, vejamos como o progresso durante a Revolução Industrial inglesa foi compreendido pelos historiadores e pelos economistas. Décadas atrás, alguns economistas norte-americanos realizaram um estudo sobre a alimentação dos pobres ao longo do século XIX, baseando-se na documentação relativa à estatura e ao peso dos indivíduos que entravam pela primeira vez na prisão. As evidências pareciam sugerir que os salários dos pobres tinham aumentado – em geral, em 1867, possuíam um poder aquisitivo maior do que em 1812.[125] Mas umas décadas depois,

[123] Gareth Stedman Jones, *Outcast London: A Study in the Relationship Between Classes in Victorian Society* (Oxford, 1971).

[124] Johnson e Nicholas, "Male and Female Living Standards in England and Wales, 1812-1867", p. 470-481; Robert J. Barro, "Democracy and Growth", *Journal of Economic Growth*, v. 1, p. 1-27, 1996; Jakob B. Madsen, James B. Ang e Rajabrata Banerjee, "Four Centuries of British Economic Growth: The Roles of Technology and Population", *Journal of Economic Growth*, v. 15, p. 263-290, 2010; Morgan Kelly e Cormac Ó Gráda, "Numerare Est Errare: Agricultural Output and Food Supply in England Before and During the Industrial Revolution", *The Journal of Economic History*, v. 73, p. 1132-1163, 2013.

[125] Johnson e Nicholas, "Male and Female Living Standards in England and Wales, 1812-1867", p. 470–481.

alguns economistas britânicos reconsideraram os dados, depois de investir um tempo na leitura da história social britânica. Os dados mostraram, contrariando a tese original, que no curso da Revolução Industrial o peso corporal das mulheres da classe operária havia diminuído. O que hoje sabemos é que as mães e as esposas dos homens da classe operária tinham passado fome – pulando refeições e renunciando às porções maiores – para proporcionar aos seus maridos que trabalhavam nas fábricas e nas docas a energia suficiente para sobreviver. Quando ingressavam pela primeira vez nos cárceres ingleses, a maioria das mulheres da classe operária era tão magra e debilitada que na realidade *ganhava* peso mesmo que apenas com as poucas porções de alimento aguado que as autoridades subministravam visando a dissuadir os indigentes ociosos a procurar a assistência pública nas chamadas *houses of correction*.[126]

O estudo da população carcerária nos lembra, a despeito das histórias neoliberais da Revolução Industrial, de que maneira, na experiência da maioria, o privilégio de classe e de gênero reduzia a nada as vitórias da inovação empresarial. Na ausência de sensibilidade para com o gênero e a idade – essa sensibilidade que a economista de Cambridge, Sara Horrell, chama de "a maravilhosa utilidade da história" e que atribui ao fato de ter lido as obras dos historiadores do passado breve –, os dados observados por aqueles economistas simplesmente reforçavam os preconceitos existentes em seu campo de estudo de que a industrialização vitoriana havia produzido proletários mais altos e melhor alimentados.[127] Inclusive no campo dos *big data*, a sensibilidade para com a ação, a identidade e a personalidade em associação com o passado breve tem muito a contribuir para a nossa epistemologia e metodologia.

O debate sobre a desigualdade é apenas um exemplo de como, durante uns trinta anos, certos historiadores econômicos

---

[126] Sara Horrell, David Meredith e Deborah Oxley, "Measuring Misery: Body Mass, Ageing and Gender Inequality in Victorian London", *Explorations in Economic History*, v. 46, p. 93-119, 2009; Sébastien Rioux, "Capitalism and the Production of Uneven Bodies: Women, Motherhood and Food Distribution in Britain c. 1850-1914", *Transactions of the Institute of British Geographers*, 2014, DOI: 10.1111/ tran.12063.

[127] Sara Horrell, "The Wonderful Usefulness of History", The Economic Journal, v. 113, F180-F186, 2003.

permaneceram aferrados a conclusões forjadas décadas ou séculos antes. Na verdade, essa tendência havia se tornado evidente até mesmo para outros economistas. Nas revistas dessa área, foram travadas veementes discussões quando vários estudiosos revisitaram artigos de décadas para demonstrar que as pesquisas de seus colegas, por amor a hipóteses particulares ou para exibir rigor com análises matemáticas, não tinham levado em consideração modelos contrastantes. Em 2008, o economista Karl Persson atacou seu colega Greg Clark por este ter proposto o que chamou de "o engano malthusiano" contra a evidência de que as civilizações humanas normalmente moderam sua reprodução, e que, portanto, a pobreza e a necessidade se devem a fatores mais complexos que a simples superpopulação. Persson acusou Clark de manipular seus dados, tomando cortes transversais e ignorando outros historiadores econômicos que já haviam demolido a teoria: "Quando o registro histórico contradiz Greg Clark, não é licito obstaculizar o seu nobre objetivo e sua declarada intenção de escrever uma *big history*". Persson continua: "Clark não se rende. Aos fatos não lhes é permitido matar a *big history*".[128] Quando os economistas neoliberais se limitam a medir um único fator no curso do tempo, fazem conjecturas, mas não refletem numa perspectiva de longo prazo.

Para que a história possa ser útil ao presente, tem que ser suficientemente pequena para consentir aos historiadores fazer aquilo que sabem fazer melhor, isto é, comparar entre si os diferentes tipos de dados. Na história tradicional, a causalidade múltipla é tratada com relação aos diversos aspectos da história – intelectual, da arte, da ciência – que refletem uma realidade produzida pela operação de muitas mãos. A realidade das leis naturais e da predominância de padrões não obrigam os indivíduos a nenhum destino em particular, porque sempre lhes resta a possibilidade e a capacidade de escolher. Uma análise em perspectiva histórica lembra às pessoas que em todo acontecimento do passado muitas causas atuaram, e, consequentemente, que no futuro é possível que nos encontremos com mais de um resultado favorável.

---

[128] Karl Gunnar Persson, "The Malthus Delusion", *European Review of Economic History*, v. 12, p. 165-173, 2008.

CAPÍTULO III

O longo e o breve: mudança climática, governança e desigualdade a partir da década de 1970

O pensamento de longo prazo sobre o passado e o futuro prolifera fora da disciplina histórica, sobretudo no que se refere à questão da mudança climática, da governança internacional e da desigualdade. Em todos esses campos, o passado já está sendo usado como uma ferramenta para contemplar o futuro.

Nas discussões sobre o clima, os cientistas têm usado o passado para formular advertências sobre como a destruição do meio ambiente afetará o futuro do nosso planeta. Nas décadas posteriores às primeiras advertências de Rachel Carson sobre as consequências ecológicas da poluição, publicaram-se as primeiras aterradoras previsões sobre holocaustos planetários se nada fosse feito. Em 1968, o ecologista norte-americano Garrett Hardin publicou o seu artigo seminal sobre a "tragédia dos bens comuns", que comparava um planeta superpovoado a uma reserva natural na qual pasta uma fauna selvagem excessiva com relação aos recursos. Ao anunciar a capacidade de carga limitada do planeta e vaticinar fome e morte para a maioria da população, o relato de Hardin comparava-se com a narrativa da expulsão do Paraíso.[129] Quando biólogos como Paul Ehrlich confirmaram que a vasta extinção de espécies era uma realidade, também expressaram seus temores

---

[129] Garrett Hardin, "The Tragedy of the Commons", *Science*, v. 162, 1243-1248, 1968; David Feeny *et al.*, "The Tragedy of the Commons: Twenty-Two Years Later", *Human Ecology*, v. 18, p. 1-19, 1990; Hardin, "Extensions of 'The Tragedy of the Commons'", *Science*, v. 280, p. 682-683, 1998.

sobre o futuro com um vocabulário malthusiano que aludia à prova, ao juízo e à desesperação.[130]

No curso da década de 1970, essas considerações sobre um futuro iminente foram estimuladas e refinadas com análises baseadas em dados e no contexto do debate político, num clima de crescente impaciência. Em 1972, um *think-tank* global de fundação recente, o Clube de Roma, publicou um impactante informe sobre perspectivas ambientais, intitulado *Limits to Growth* e financiado pela Fundação Volkswagen, que dava a conhecer os novos modelos de análise informática de Jay Forrester, um analista de sistemas do Massachusetts Institute of Technology (MIT), advertindo sobre o perigo da superação dos limites do crescimento e do colapso do sistema causados pela superpopulação e pelo esgotamento dos recursos. O livro vendeu 12 milhões de exemplares. Ao mesmo tempo, um informe para a Conferência Mundial das Nações Unidas sobre o Meio Ambiente Humano endossava as conclusões do já mencionado *Limits to Growth* que prefiguravam uma iminente catástrofe e advertiam tanto contra a incessante busca de uma ciência do sucesso econômico quanto contra o próprio Estado-nação.[131] Em escalas variadas, organizações científicas, governamentais e privadas endossaram a visão de que a iminência do perigo ecológico reclamava uma ação imediata.

Desde a década de 1970, a pressão para reconsiderar nossa relação com o ecossistema carregava uma forma quase apocalíptica de pensamento de longo prazo, que passava diretamente de nossos pecados

---

[130] Harrison Brown, *The Challenge of Man's Future* (Nova York, 1954); Georg Borgstrom, *The Hungry Planet* (Nova York, 1965); Paul Ehrlich, *The Population Bomb* (Nova York, 1968); Matthew Connelly, *Fatal Misconception: The Struggle to Control World Population* (Cambridge, MA, 2008); Alison Bashford, *Global Population: History, Geopolitics, and Life of Earth* (Nova York, 2014).

[131] Janine Delaunay (Org.), *Halte à la Croissance? Enquête sur le Club de Rome* (Paris, 1972); Donella H. Meadows, Dennis L. Meadows, Jorgen Randers e William W. Behrens, III, *The Limits to Growth* (Nova York, 1972); Fernando Elichigority, *Planet Management: Limits to Growth, Computer Simulation, and the Emergence of Global Spaces* (Evanston, 1999); Clément Levallois, "Can De-Growth Be Considered a Policy Option? A Historical Note on Nicholas Georgescu-Roegen and the Club of Rome", *Ecological Economics*, v. 69, p. 2272, 2010; Josh Eastin, Reiner Grundmann e Aseem Prakash, "The Two Limits Debates: 'Limits to Growth' and Climate Change", *Futures*, v. 43, p. 16-26, 2011.

cometidos no passado industrial à inexorável destruição no futuro a longo prazo. Por volta da época em que Rachel Carson expôs suas ideias, relatos prognosticando a catástrofe chegaram quase ao mesmo tempo em que nos Estados Unidos se produzia a última grande retomada da religião apocalíptica, que encontrou expressão conceitual no relato de Hal Lindsey, intitulado *The Late Great Planet Earth*, *best-seller* de 1970, o livro norte-americano de não ficção mais vendido da década.[132] Na América do Norte, as predições científicas ajudaram a desencadear uma nova onda de especulação apocalíptica no campo da religião popular.

O diagnóstico apocalíptico de nossa relação com o passado e o futuro continua a exercer enorme atração nas discussões científicas sobre mudança climática, condicionando as análises, apesar de os conhecimentos sobre esse tema terem se ampliado e refinado. No início dos anos 2000, fez seu aparecimento uma nova narrativa do colapso futuro, que, seguindo a obra do entomólogo E. O. Wilson sobre a destruição das colônias de insetos, comparava a história das civilizações com ecossistemas excessivamente explorados. A mais notável dessas comparações é a que relaciona o capitalismo industrial com o desaparecimento da civilização da Ilha de Páscoa e prediz a extinção da espécie humana. Desde os anos 1970, acumulou-se uma enorme quantidade de evidência científica, mas nosso pensamento de longo prazo mudou pouco se é que efetivamente mudou, no sentido de deixar para trás os terrores daquele momento. Continuamos raciocinando em geral em termos de apocalipse, como se tivéssemos medo de que, sem um juízo final sobre o nosso futuro não seríamos capazes de apelar à coragem da coletividade para passar de um futuro insustentável a um sustentável, dado que vivemos naquilo que se supõe ser nosso "século final", até mesmo "nossa hora final".[133]

---

[132] Hal Lindsay, *The Late Great Planet Earth* (Grand Rapids, MI, 1970); Daniel Wojcik, "Embracing Doomsday: Faith, Fatalism, and Apocalyptic Beliefs in the Nuclear Age", *Western Folklore*, v. 55, p. 305, 1996; Karl Butzer e George Endfield, "Critical Perspectives on Historical Collapse", *Proceedings of the National Academy of Science*, v. 109, p. 3628-3631, 2012.

[133] Martin Rees, *Our Final Century?: Will the Human Race Survive the Twenty-first Century?* (Londres, 2003), publicado nos Estados Unidos como *Our Final Hour: A Scientist's Warning: How Terror, Error, and Environmental Disaster Threaten Humankind's Future in This Century – On Earth and Beyond* (Nova York, 2003); Jared

Não é nosso propósito aqui questionar a acumulação de indícios sobre o passado que os cientistas reuniram desde a década de 1970, mas antes chamar a atenção sobre certos padrões de interpretação histórica desses resultados. Desde os anos 1950, a ciência do clima tem se desenvolvido e aperfeiçoado convertendo-se numa nova profissão, que estabeleceu algumas certezas sobre os choques climáticos globais e demonstrou que, além da poluição e do esgotamento dos recursos, o planeta está enfrentando agora os fenômenos do aquecimento global e da elevação do nível dos mares.[134] O problema não está no fato de a comunidade científica que se dedica ao clima carecer de dados sobre esses fenômenos, posto que conta com um enorme volume deles relacionados a muitos acontecimentos e tendências históricas. O que importa aqui é que a narrativa omnicompreensiva construída em torno desses acontecimentos continuou sendo em grande parte apocalíptica. No discurso científico, mais dados deveriam resultar em novas conclusões. E, de modo análogo, nos relatos históricos mais dados deveriam resultar em metanarrativas mais amplas e refinadas.[135]

Diamond, *Collapse: How Societies Choose to Fail or Succeed* (Londres, 2005); Vaclav Smil, *Global Catastrophes and Trends: The Next 50 Years* (Cambridge, MA, 2008); James Lovelock, *The Vanishing Face of Gaia: A Final Warning* (Nova York, 2009); Ian Sample, "World Faces 'Perfect Storm' of Problems by 2030, Chief Scientist to Warn", *Guardian*, 18 mar. 2009, disponível em: <www. guardian.co.uk/ science/2009/mar/18/perfect-storm-john-beddington-energy-food-climate>, acesso em: 25 abr. 2018; David R. Montgomery, *Dirt: The Erosion of Civilizations* (Berkeley, 2012).

[134] Clark A. Miller, "Climate Science and the Making of a Global Political Order", *in* Sheila Jasanoff (Org.), *States of Knowledge: The Co-Production of Science and Social Order* (Londres, 2004), p. 46-66; Naomi Oreskes, "The Scientific Consensus on Climate Change", *Science*, v. 306, p. 1686, 2004; Mike Hulme, "Reducing the Future to Climate: A Story of Climate Determinism and Reductionism", *Osiris*, v. 26, p. 245-266, 2011; R. Agnihotri e K. Dutta, "Anthropogenic Climate Change: Observed Facts, Projected Vulnerabilities and Knowledge Gaps", *in* R. Sinha e R. Ravindra (Orgs.), *Earth System Processes and Disaster Management* (Berlin, 2013), p. 123-137.

[135] Hulme, particularmente, acusou a comunidade da ciência do clima de "reducionismo climático" em sua avaliação da histórica agência: Richard Peet, "The Social Origins of Environmental Determinism", *Annals of the Association of American Geographers*, v. 75, p. 309-333, 1985; David N. Livingstone, "Race, Space and Moral Climatology: Notes toward a Genealogy', *Journal of Historical Geography*, v. 28, p. 159-180, 2002; Christopher D. Merrett, "Debating Destiny: Nihilism or Hope in Guns, Germs, and

De fato, as críticas ao sentido de tempo dos cientistas partiram dos economistas. Na esteira do Informe Stern sobre a economia da mudança climática, de 2006, promovido pelo governo britânico, as advertências apocalípticas e os apelos desesperados à ação imediata, levaram a uma denúncia por parte de economistas, que clamaram contra "a suposição de um tempo de desconto praticamente igual a zero" para os cientistas modelarem possíveis futuros. Em outras palavras, a narrativa de uma catástrofe inquestionável havia deixado pouco espaço para futuras situações nas quais empreendedores poderiam implantar de imediato novas tecnologias de energia intensiva capazes de reduzir a quantidade de emissões produzidas na atualidade.[136] Mesmo economistas de esquerda calcularam que por pelo menos mais cinquenta anos haveria como crescer sem inconvenientes (alguns diziam mais) e que seria imoral privar as nações em desenvolvimento de seu possível futuro econômico com base numa teoria. Os modelos dos economistas sobre o futuro estavam em conflito com os dos climatologistas.

Para se opor às afirmações dos climatologistas sobre o aumento do CO_2, e da mudança climática que reclamava uma ação imediata, alguns economistas propuseram sua própria versão do passado e do futuro, a qual punha ênfase na contínua inovação tecnológica e no crescimento econômico desde 1700. Outros sustentaram que, quaisquer que fossem os perigos revelados ultimamente pelos climatologistas, a mão invisível do mercado se ocuparia de conjurá-los.[137] Nenhum dos dois lados

---

Steel?", *Antipode*, v. 35, p. 801-806, 2003; Andrew Sluyter, "Neo-Environmental Determinism, Intellectual Damage Control, and Nature/Society Science", *Antipode*, v. 35, p. 813-817, 2003; Christina R. Foust e William O'Shannon Murphy, "Revealing and Reframing Apocalyptic Tragedy in Global Warming Discourse", *Environmental Communication*, v. 32, p. 151-167, 2009; Hulme, "Reducing the Future to Climate", p. 246.

[136] Nicholas Stern *et al.*, *The Economics of Climate Change: The Stern Review* (Cambridge, 2007); William D. Nordhaus, "A Review of the 'Stern Review on the Economics of Climate Change'", *Journal of Economic Literature*, v. 45, p. 686, 2007; "No Need to Panic About Global Warming", *Wall Street Journal*, 27 jan. 2012, sec. Opinion, disponível em: <https://www.wsj.com/articles/no-need-to-panic-about-global-warming-1386195856>, acesso em: 25 abr. 2018.

[137] Ilan Noy, "The Macroeconomic Consequences of Disasters", *Journal of Development Economics*, v. 88, p. 221-231, 2009; Servaas Storm, "Capitalism and Climate Change: Can the Invisible Hand Adjust the Natural Thermostat?", *Development*

levava em conta os argumentos do outro para sustentar suas afirmações. Pelo contrário, ambos os lados elaboraram modelos irreconciliáveis do passado baseados sobre seus próprios dados limitados.

O problema com esses relatos não é serem de *per se* errôneos, mas serem reducionistas; simples caricaturas do pensamento de longo prazo sobre o passado, sem a escala e as nuances sem dúvida possíveis. Onde quer que observemos a persistência do reducionismo nos relatos sobre o tempo – sejam os apocalípticos propostos por cientistas do meio ambiente como Jared Diamond, sejam os que se parecem a cornucópias compostos por economistas como o prêmio Nobel Douglass North –, comprovamos a evidência de que os cientistas não consultaram seus próprios dados no momento de narrar sua história. E nem é certamente seu ofício desenvolver uma interpretação desse tipo – com atores, acontecimentos, responsabilidades e soluções. Necessitamos de dados de longo prazo sobre o clima e a economia que nos digam de que modo a terra está mudando. O segundo nível de análise – que atribui responsabilidade e encontra recomendações concomitantes sobre como se deveria reformar a Terra para prevenir catástrofes ainda maiores – requer a capacidade de trabalhar para trás e para frente entre o passado e o futuro, discernindo as múltiplas fontes de causalidade, hierarquizando-as e examinando-as de diferentes perspectivas, e experiências para oferecer a explicação mais completa possível sobre como se produziu a catástrofe e, consequentemente, quem é o responsável e do quê. Esse tipo de pensamento sobre o passado, compilando casos para possíveis vetores de reforma, não pertenceu nunca nem à ciência nem à economia, mas à história.

O pensamento a longo prazo sobre o clima

Mas ninguém pode culpar a tentativa dos que se preocupam com o meio ambiente. O que os climatologistas captaram a partir de

and Change, v. 40, p. 1011-1038, 2009; Noy e Aekkanush Nualsri, "Fiscal Storms: Public Spending and Revenues in the Aftermath of Natural Disasters", *Environment and Development Economics*, v. 16, p. 113-128, 2011; Indur M. Goklany, "Humanity Unbound: How Fossil Fuels Saved Humanity from Nature and Nature from Humanity", *Policy Analysis*, v. 715, 20 dez. 2012, disponível em: <http://papers.ssrn.com/abstract=2225298>, acesso em: 25 abr. 2018

1970, graças à sua insistente reflexão sobre o passado e o futuro, é a absoluta necessidade que temos de averiguar os mecanismos causais, se queremos verdadeiramente modificar nossa atitude, abandonando formas de comportamento econômico que, sabemos, põem em perigo tanto os seres humanos quanto outros organismos vivos. Pensar em termos históricos foi sempre um instrumento para reconfigurar o futuro, já seja que a intervenção adote a forma do tempo que no divã do terapeuta nos lembra nossa infância, o exame coletivo dos pecados nacionais ou planetários cometidos no passado, repercorrendo cenários de tomadas de decisões históricas, ou a da gestão da política mediante o cuidadoso manejo contextual da evidência.[138]

Por todas essas razões, quando os cientistas procuraram estabelecer a responsabilidade humana na mudança climática e fazer apelo à ação futura, viram-se operando no campo do raciocínio histórico. Na guerra entre economistas e climatologistas sobre estratégias a adotar, a história tornou-se a carta trunfo jogada por ambos os lados para convalidar as respectivas teses sobre a natureza do nosso mundo e as condições necessárias para um futuro sustentável. Na verdade, poder-se-ia dizer que hoje uma grande parte da climatologia tem mais a ver com a análise de problemas históricos do que com a elaboração de novos modelos de ecossistemas ou biológicos. Atualmente os cientistas dedicam uma grande parte de sua energia no estabelecimento de acordos sobre linhas temporais em favor da causa humana da mudança climática, alimentando um debate no qual não faltam apelos para modificar as políticas ambientais a nível nacional e internacional. O conceito de "Antropoceno" foi proposto pela primeira vez em 2000, pelo prêmio Nobel Paul Crutzen, químico da atmosfera, que qualificou a era como uma nova época em termos de geologia planetária, comparável ao Holoceno ou ao Paleoceno quanto à sua diversidade com relação as épocas precedentes.[139] Como lembra

[138] Ver, como exemplo, Richard E. Neustadt e Ernest R. May, *Thinking in Time: The Uses of History for Decision-Makers* (Nova York, 1986); C. A. Bayly, Vijayendra Rao, Simon Szreter e Michael Woolcock (Orgs.), *History, Historians and Development Policy: A Necessary Dialogue* (Manchester, 2011).

[139] Paul J. Crutzen, "Geology of Mankind", *Nature*, v. 415, p. 23, 2002; Will Steffen, Paul J. Crutzen e John R. McNeill, "The Anthropocene: Are Humans Now Overwhelming the Great Forces of Nature?", *AMBIO: A Journal of the Human Environment*, v. 36, p. 614-621, 2007; Steffen, J. Grinevald, Paul J. Crutzen e

a historiadora australiana Libby Robin, a intervenção de Crutzen "foi uma audaz afirmação em muitos níveis", não menos porque se tratava da primeira proposta de uma era geológica que inclui tanto o futuro – os efeitos acumulados da atividade antropogênica – quanto o passado.[140] Dessa proposta resultou de imediato um debate histórico sobre se os efeitos da mudança climática começaram há 250 anos com a máquina a vapor, 11 mil anos atrás com o surgimento das civilizações humanas de caçadores e a extinção de animais, ou entre 5 e 8 mil anos atrás com a revolução agrícola.[141] O que estava em questão não era tanto a datação e sim como os cientistas atribuíam a causalidade a acontecimentos do passado. Dever-se-ia culpar a domesticação dos bovinos e o cultivo do arroz pela drástica diminuição de florestas pluviais cujos efeitos somente se produziram milênios depois? Numa repentina virada dos acontecimentos, a principal batalha pública travada pelos climatologistas tornava-se essencialmente uma controvérsia sobre história.

Pensar com o passado continua a oferecer a maior parte das soluções que têm sido propostas nos debates sobre mudança climática. Atualmente, muitos cientistas insistem na necessidade de "um sistema de governança global", ou do "comércio do carbono", considerando as evidências da história humana para propor modelos de governo ou de mercado capazes de remediar o desastre atual.[142] O que procuram

John R. McNeill, "The Anthropocene: Conceptual and Historical Perspectives", *Philosophical Transactions of the Royal Society A: Mathematical, Physical and Engineering Sciences*, v. 369, p. 842-867, 2011.

[140] Libby Robin, "Histories for Changing Times: Entering the Anthropocene?", *Australian Historical Studies*, v. 44, p. 330, 2013.

[141] Erle C. Ellis e N. Ramankutty, "Putting People in the Map: Anthropogenic Biomes of the World", *Frontiers in Ecology and the Environment*, v. 6, p. 439-447, 2008; Jed O. Kaplan, Kristen M. Krumhardt, Erle C. Ellis, William F. Ruddiman, Carsten Lemmen e Kees Klein Goldewijk, "Holocene Carbon Emissions as a Result of Anthropogenic Land Cover Change", *The Holocene*, v. 21, p. 775-791, 2011. Ver também *Integrated History and Future of People on Earth* (IHOPE), um projeto elaborado por cientistas em conjunto com estudiosos de humanidades para integrar a história da mudança climática no longo prazo: <ihope.org>.

[142] Frank Biermann, "Earth System Governance as a Crosscutting Theme of Global Change Research", *Global Environmental Change*, v. 17, p. 326-337, 2007; Frank Biermann e Ingrid Boas, "Preparing for a Warmer World: Towards a Global Governance System to Protect Climate Refugees", *Global Environmental Politics*, v.

com isso é fundamentalmente reproduzir outros projetos estatais de infraestrutura, levados à prática no passado, nos quais as nações assumiram a responsabilidade de preservar a vida futura: dos diques construídos pelo governo holandês no início da Era Moderna, ao Projeto Manhattan norte-americano na Segunda Guerra Mundial, até os programas de crédito do Banco Mundial de uma década atrás inspirados nos escritos de Hernando de Soto.[143] Por outro lado, nem todos os possíveis precedentes históricos para uma mudança ambiental coerente assumiram necessariamente a forma de uma ação emanada de uma autoridade centralizada. Na verdade, os climatologistas começaram a construir modelos de mudança climática que se centram nas modalidades específicas pelas quais tribos humanas modelaram a biosfera, pondo de relevo padrões sustentáveis e insustentáveis de uso da terra como modelos para o futuro.[144] Questões sobre quais opções escolher e como levaram uma nova geração de cientistas formados como biólogos, químicos e geólogos a se tornar, efetivamente, historiadores das instituições.

Esse mesmo ímpeto começou a transformar também a disciplina econômica. Economistas como Anil Markandya valeram-se

---

10, p. 60-88, 2010; Biermann *et al.*, "Navigating the Anthropocene: Improving Earth System Governance", *Science*, v. 335, p. 1306-1307, 2012, disponível em: <https://mahb.stanford.edu/wp-content/uploads/2012/04/rSUS-GOV-IMPROVINGEart hSystemgovernanceScience-2012-Biermann-1306-7.pdf>, acesso em: 30 abr. 2018.

[143] Chi-Jen Yang e Michael Oppenheimer, "A 'Manhattan Project' for Climate Change?", *Climatic Change*, v. 80, p. 199-204, 2007; Larry Lohmann, "Carbon Trading, Climate Justice and the Production of Ignorance: Ten Examples", *Development*, v. 51, p. 359-365, 2008; Jaap C. J. Kwadijk et al., "Using Adaptation Tipping Points to Prepare for Climate Change and Sea Level Rise: A Case Study in the Netherlands", *Wiley Interdisciplinary Reviews: Climate Change*, v. 1, p. 729-740, 2010.

[144] Kees Klein Goldewijk, "Estimating Global Land Use Change over the Past 300 Years: The HYDE Database", *Global Biogeochemical Cycles*, v. 15, p. 417-433, 2001; Goldewijk, "Three Centuries of Global Population Growth: A Spatial Referenced Population (Density) Database for 1700-2000", *Population and Environment*, v. 26, p. 343-367, 2005; Erle C. Ellis *et al.*, "Anthropogenic Transformation of the Biomes, 1700 to 2000", *Global Ecology and Biogeography*, v. 19, p. 589-606, 2010; Goldewijk *et al.*, "The HYDE 3.1 Spatially Explicit Database of Human-Induced Global Land-Use Change over the Past 12,000 Years", *Global Ecology and Biogeography*, v. 20, p. 73-86, 2011; Erle C. Ellis et al., "Used Planet: A Global History", *Proceedings of the National Academy of Sciences*, v. 110, p. 7978-7985, 2013.

do pensamento histórico para cortar o nó górdio da oposição entre crescimento e ecologia. Markandya revisitou questões relativas à regulação do meio ambiente com novos dados, relativos a um século e meio de experiência de regulação na Grã-Bretanha, chegando à conclusão de que o Reino Unido começou a regular o dióxido sulforoso e outros contaminadores já em 1821, "sem nenhum impacto importante sobre o PIB *per capita*".[145] Dados históricos como os mencionados por Markandya, provam que é possível refutar a doutrina da incompatibilidade entre inovação e ecologia.[146] Nesse sentido, a história provou-se capaz de expandir nossa percepção das opções de futuro e de discernir quais teorias de futuro são adequadas tendo em vista os dados de que dispomos, tanto históricos como atuais. Os êxitos obtidos no passado graças a estratégias de enormes investimentos coletivos fornecem a justificação para repensar de maneira radical sobre a governança do clima para o futuro.

Aos cientistas e economistas com mentalidade histórica juntaram-se os historiadores com mentalidade ecológica. Sob o impulso dos estudos sobre o Antropoceno, histórias de longo prazo sobre o uso da terra e da água tornaram-se sempre mais precisas nas suas explicações sobre onde se produziram com anterioridade estresses ecológicos, por quê e como foram superados. Alguns desses trabalhos confirmam que o Ocidente tem percorrido um longo caminho em direção ao esgotamento ambiental, passando, geração após geração, de uma fonte de energia a outra, processo que contribuiu para o surgimento do Estado-nação moderno, que na época constituía uma forma de "governo internacional" de dimensões e vigor sem precedentes. Essa foi a resposta dada agora pelo historiador Paul Warde a uma pergunta de notável relevância – como foi que a Europa moderna conseguiu sobreviver a uma crise ecológica de dimensões sem precedentes? –, que o levou a inventar uma nova maneira de fazer

---

[145] Anil Markandya, "Can Climate Change Be Reversed under Capitalism?", *Development and Change*, v. 40, p. 1141, 2009.

[146] Kenneth Arrow *et al.*, "Economic Growth, Carrying Capacity, and the Environment", *Ecological Economics*, v. 15, p. 91-95, 1995; David I. Stern e Michael S. Common, "Is There an Environmental Kuznets Curve for Sulfur?", *Journal of Environmental Economics and Management*, v. 41, p. 162-178, 2001.

história, baseada essencialmente numa análise de *big data* relativos a três séculos de informação provenientes de arquivos pouco conhecidos. No curso dos anos, viajando de uma pequena cidade a outra, Warde começou a reunir todas as infrações à legalidade cometidas no curso dos séculos, relacionando-as com os acontecimentos climáticos e avaliando de que modo nossos antepassados encontraram uma saída. De acordo com esse relato, novas formas de governança tornaram-se importantes em reação ao esgotamento ambiental, em tempos nos quais o conflito sobre um ecossistema em colapso gera uma anarquia que somente uma nova forma de governo pode resolver.[147]

Uma maneira similar de olhar para o passado longo em busca de soluções alternativas para o futuro foi perseguida, com relação à questão da água, pelo prolífico historiador e geógrafo norueguês Terje Tvedt, ex-presidente da International History of Water Association sob cuja presidência foi publicada uma história da água em seis volumes que se inicia com a irrigação estatal na China antiga e termina com as guerras pela água na África contemporânea.[148] Para Tvedt, as questões ligadas à sobrevivência comportam a necessidade de desenvolver um conhecimento quase enciclopédico sobre a água como recurso e flagelo na história da civilização, para saber como isso condicionou a política dos governos, a estratégia militar, a agricultura, a governança e os projetos de engenharia no curso não de séculos mas de milênios.

[147] Historiadores especialistas em Alemanha documentaram uma crise de falta de madeira que se espalhou pela Europa no início da Modernidade e impulsionou a procura por novas colônias para extrair madeira florestal e a seguir carvão e óleo combustível. Sua pesquisa comportou o exame de documentos judiciários de dezenas de localidades em território alemão, que evidenciavam quando e na presença de que condições os camponeses recebiam o máximo de punição prevista pela derrubada de árvores que não eram de sua propriedade. Paul Warde, "Fear of Wood Shortage and the Reality of the Woodland in Europe, c. 1450–1850", *History Workshop Journal*, v. 62, p. 28-57, 2006; Warde, *Ecology, Economy and State Formation in Early Modern Germany* (Cambridge, 2006). Mais geralmente, ver: Astrid Kander, Paolo Manamina e Paul Warde, *Power to the People: Energy in Europe over the Last Five Centuries* (Princeton, NJ, 2014).

[148] Terje Tvedt, *The River Nile in the Age of the British: Political Ecology and the Quest for Economic Power* (Londres, 2004); Terje Tvedt *et al.*, *A History of Water*, 3 v. (Londres, 2006); Tvedt, Terje Oestigaard e Richard Coopey, *A History of Water*, Series ii, 3 v. (Londres, 2010).

Levantando exemplos de soluções e crises desde o derretimento dos glaciares e da elevação do nível dos mares até a desertificação e as guerras pela água, Tvedt enfatiza a imensa vulnerabilidade de nossas economias atuais frente à elevação do nível dos mares. Na sua visão, a história mundial do passado torna-se um reservatório de possibilidades e de futuros alternativos, todos os quais a ser mutuamente confrontados, subvertendo a velha geografia baseada na presença de centros financeiros e industriais imóveis, nas cidades costeiras como Shenzhen, Londres e Nova York, em favor de regiões ricas em água, como a Groenlândia e o Tibet.[149]

Outros historiadores, igualmente inclinados a essas questões de sobrevivência e crise a longo prazo, sentiram-se atraídos pelos *big data*, que mostram como as cidades históricas podem oferecer novos modelos para futuras economias sustentáveis, demonstrando que nem toda a história ocidental confirma a regra do inevitável esgotamento dos recursos. Os historiadores franceses Sabine Barles e Gilles Billen mediram a Paris do século XIX em termos do descarte de todo o consumo, da contaminação fluvial, do impacto provocado pelo nitrogênio, reunindo os dados provenientes das autoridades sanitárias governamentais e das barreiras de pedágios urbanos. Por que as barreiras de pedágio? Porque durante grande parte do período que vai da Idade Média ao século XIX, os funcionários municipais paravam e taxavam os veículos que do campo fluíam para os mercados urbanos. Isso deixou uma lista completa da quantidade de alimentos consumida pela cidade de Paris. Juntamente com os registros governamentais desde a década de 1860, quando Paris começou a investir num moderno sistema de tratamento de águas residuais, passou-se a dispor de um registro completo deixado pelos "traços de nitrogênio" que cobrem vários séculos de história da cidade.[150] Torna-se assim possível relatar

---

[149] Terje Tvedt, *A Journey in the Future of Water* (Londres, 2014).

[150] Sabine Barles, "Feeding the City: Food Consumption and Flow of Nitrogen, Paris, 1801-1914", *Science of the Total Environment*, v. 375, p. 48-58, 2007; Barles e Laurence Lestel, "The Nitrogen Question: Urbanization, Industrialization, and River Quality in Paris, 1830-1939", *Journal of Urban History*, v. 33, p. 794-812, 2007; Barles, "Urban Metabolism of Paris and Its Region", *Journal of Industrial Ecology*, v. 13, p. 898-913, 2009; Gilles Billen *et al.*, "The Food-Print of Paris: Long-Term Reconstruction of the Nitrogen Flows Imported into the City from

de maneira mais completa como os nossos antepassados próximos viveram em relação com sua terra.

Os dados acumulados por gerações no curso do passado podem nos dar ideias sobre o futuro da sustentabilidade. Barles conjectura que em termos de sustentabilidade, agricultura local e reciclagem dos resíduos, a Paris capitalista do século XIX pode oferecer um exemplo mais útil que as atuais cidades do século XXI. Ela publicou parte de sua pesquisa histórica tendo em mente uma audiência composta por especialistas em política do desenvolvimento. Na verdade, Barles é apenas uma entre historiadores que esquadrinharam nos registros urbanos para reconstruir como os administradores do século XIX inventaram práticas sustentáveis para o reuso de resíduos em grandes cidades.[151] Pode o século XIX oferecer um paradigma de uma cidade a que vale a pena retornar, uma cidade rica de entretenimentos, consumo e comércio global e que, contudo, dependia da produção das unidades agrícolas circundantes? A história pode abrir novas possibilidades, estendendo a gama de políticas e mercados futuros na esteira da troca das emissões de CO_2 e da governança planetária num mais amplo leque de sustentabilidades possíveis.

Exemplos de acontecimentos do passado, quer do remoto quer do recente, podem apontar para tradições alternativas de governança, reunindo e descrevendo movimentos marginais do passado que estão dando hoje valiosos frutos. Joan Thirsk investigou cinco séculos do passado em busca de momentos semelhantes ao presente, nos quais uma mudança nas dinâmicas relativas à terra e à agua provocou a busca de uma agricultura mais sustentável. Paul B. Thompson ofereceu-nos

---

Its Rural Hinterland", *Regional Environmental Change*, v. 9, p. 13-24, 2009; Billen *et al.*, "Grain, Meat and Vegetables to Feed Paris: Where Did and Do They Come from? Localising Paris Food Supply Areas from the Eighteenth to the Twenty-First Century", *Regional Environmental Change*, v. 12, p. 325-335, 2012.

[151] Christopher Hamlin, "Sewage: Waste or Resource?", *Environment: Science and Policy for Sustainable Development*, v. 22, p. 16-42, 1980; E. Marald, "Everything Circulates: Agricultural Chemistry and Recycling Theories in the Second Half of the Nineteenth Century", *Environment and History*, v. 8, p. 65-84, 2002; Timothy Cooper, "Peter Lund Simmonds and the Political Ecology of Waste Utilization in Victorian Britain", *Technology and Culture*, v. 52, p. 21-44, 2011; Peter Thorsheim, "The Corpse in the Garden: Burial, Health, and the Environment in Nineteenth-Century London", *Environmental History*, v. 16, p. 38-68, 2011.

MANIFESTO PELA HISTÓRIA

um notável panorama das fontes históricas relativas à conservação do ambiente, agricultura orgânica e edificação sustentável. Martin Mulligan e Stuart Hill escreveram uma história da permacultura.[152] Histórias como essas cumprem um importante papel: dão impulso a novos movimentos e oferecem aos cientistas e aos *policy-makers* uma ideia sobre a direção a ser seguida na busca de futuros possíveis.

Essa abertura de possiblidades e de modelos alternativos tem um potencial revolucionário num mundo no qual a maioria dos modelos de futuro se concentra na catástrofe provocada pelas mudanças climáticas ou nas versões do *status quo* devidas à intervenção de uma mão invisível. De repente, é como se as civilizações históricas e os ativistas do meio ambiente de nossos dias pudessem oferecer modelos de sustentabilidade capazes de alimentar os pobres e abrigar os refugiados da elevação do nível dos mares, bastando apenas que houvesse vontade política. Uma tal mensagem de esperança e uma tal receita de ação concentrada podem ser um bálsamo para mentes perturbadas por cenários apocalípticos ou pelos mantras da escolha racional. É um remédio para agir racionalmente em nosso tempo, usando o conhecimento do passado, e não uma fantasia ou dogma, como um instrumento para dar forma ao futuro. Como escreve Libby Robin: "O futuro já não está predestinado. Antes, é algo que 'criamos' [...] Assim sendo, temos que comprometer toda a criatividade possível na realização desse futuro: ciência, economia, história e imaginação humana. Ninguém pode predizer o futuro, mas a imaginação pode iluminar sua relação com a história e com a condição atual do mundo".[153]

Escrita no ponto da articulação entre passado e futuro, a história pode traçar um mapa que não apenas inclua as imagens do mundo fantástico do êxito capitalista e as do mundo que arde no apocalipse da mudança climática, mas também caminhos alternativos realistas em direção a um mundo no qual *queremos* efetivamente viver. Esses relatos históricos podem oferecer novos modos de pensar e de escapar

---

[152] Joan Thirsk, *Alternative Agriculture: A History from the Black Death to the Present Day* (Oxford, 1997); Martin Mulligan e Stuart Hill, *Ecological Pioneers: A Social History of Australian Ecological Thought and Action* (Cambridge, 2001); Paul B. Thompson, *The Agrarian Vision: Sustainability and Environmental Ethics* (Lexington, KY, 2010).

[153] Robin, "Histories for Changing Times", p. 40-339.

de velhos pesadelos: "O Antropoceno [...] não é uma parábola da *hybris* humana, mas antes um apelo a realizar plenamente nosso potencial enquanto gestores da terra e de nosso futuro no planeta".[154]

A fim de remediar a obra de modelos fracassados de longo prazo, a tarefa de pensar tendo em mente o tempo deverá levar em conta não apenas essas potencialidades futuras positivas, mas também a realidade dos obstáculos que historicamente se interpuseram em nosso caminho para a realização de uma civilização mais justa, sustentável e ecologicamente equilibrada. Também nisso os historiadores já puseram mãos à obra. A história também pode apontar o dedo contra os responsáveis pelos danos ou contra os que retardaram processos mais revolucionários com meios menos revolucionários. Joshua Yates escreveu uma introdução histórica às teorias de sustentabilidade, que cobrem algumas décadas, reconstruindo os termos do debate e como foram elaborados por instituições como a Columbia Business School, que forma em grande quantidade "altos funcionários da sustentabilidade", que prometem proteger a população, o planeta e a prosperidade, mas somente por meio da alteração dos modelos de consumo da elite mundial.[155] A administração de recursos escassos para aliviar os piores efeitos da mudança climática em favor de uma elite, sem considerar as consequências para o resto da população, tem sua história. Existem instituições, indivíduos e programas educativos que deram forma à *greenwashing*, e analisar o seu passado pode nos ajudar a escolher outras instituições para o futuro – por exemplo, o programa estatal de extensão agrícola na Austrália, que nos seus materiais informativos dirigidos aos pequenos agricultores, passou de uma ótica centrada nos fertilizantes e pesticidas petroquímicos a uma outra que enfatiza a nova ciência da permacultura.[156]

Com perspectivas de mais longo prazo, as indicações oferecidas pela história podem resultar ainda mais claras. Os historiadores suecos Andreas Malm e Alf Hornborg observaram que o acontecimento-chave na narrativa de Paul Crutzen sobre a mudança climática é a invenção

---

[154] Joshua J. Yates, "Abundance on Trial: The Cultural Significance of 'Sustainability'", *The Hedgehog Review*, v. 14, p. 22, 2012.

[155] Yates, "Abundance on Trial", p. 12.

[156] Mulligan e Hill, *Ecological Pioneers*.

e difusão da máquina a vapor. Vista à luz da história dos impérios e do capitalismo, a trajetória da intensificação da poluição, da agricultura e do consumo a partir da máquina a vapor não é debitável em medida igual a todos os membros da espécie. Depois de ter revisitado décadas de trabalho micro-histórico sobre a natureza do capitalismo e do império, Malm e Hornborg apontam o dedo para um pequeno e particular grupo de famílias e de corporações pertencentes à elite ocidental, que, a seu juízo, compartem a responsabilidade pela ruptura climática. "Naquela época" – escrevem eles – "a justificação para investir na tecnologia do vapor residia nas oportunidades que oferecia a constelação formada pelo Novo Mundo em grande parte despovoado, pela escravidão afro-americana, pela exploração da força de trabalho britânica nas fábricas e minas e pela demanda global por tecidos de algodão a baixo preço". É difícil sustentar que a espécie humana por inteiro deve ser culpada pela mudança climática, ou que a todos competem responsabilidades iguais na solução do problema. Explicam os autores: "um naco significativo da humanidade não está implicado em absoluto na economia fóssil: centenas de milhões dependem para todas as suas atividades domésticas do carvão vegetal, da lenha ou de resíduos orgânicos como o esterco".[157]

As obras históricas que documentam o uso que as potências dominantes do Ocidente fizeram da perícia de engenheiros, guardas florestais e agrônomos, para minimizar unilateralmente a sabedoria com a qual as populações locais administravam sua terra – destacaram a implicação direta do capitalismo, do Estado-nação e do governo dos grandes proprietários de terra, na destruição ambiental que caracteriza os últimos duzentos anos do Antropoceno. As circunstâncias em que surgiu a doutrina do "progresso" na Europa do Iluminismo nos dão uma pista de como nos alvores da era industrial não apenas as estratégias econômicas, mas também as novas ideias sobre superioridade

---

[157] Anil Agarwal e Sunita Narain, *Global Warming in an Unequal World: A Case of Environmental Colonialism* (Nova Deli, 1991); Andreas Malm e Alf Hornborg, "The Geology of Mankind? A Critique of the Anthropocene Narrative", *The Anthropocene Review*, 2014, DOI: 10.1177/2053019613516291. Para uma visão contrária sobre a importância da acusação à história do meio ambiente, ver: Paul S. Sutter, "The World with Us: The State of American Environmental History", *Journal of American History*, v. 100, p. 98, 2013.

de classe e de raça, determinaram a repentina acumulação de poder em mãos de uns poucos grandes proprietários de terra, levando a uma nova ideologia que uniu o poder à exploração do meio ambiente.[158]

Dada essa acumulação de evidências históricas, não mais é possível sustentar a visão que associa nossa difícil situação ambiental atual a uma causa tão remota quanto a herança evolutiva da natureza intrinsecamente ávida e destrutiva da espécie humana. Como escreveram Malm e Hornborg:

> Capitalistas de um pequeno rincão do mundo ocidental investiram no vapor e assentaram assim as bases da economia fóssil: em nenhum momento a espécie se pronunciou de nenhuma maneira a esse respeito, nem informalmente nem com um voto, ou marchou mecanicamente em uníssono. Invocar causas remotíssimas desse tipo 'equivale a atribuir o êxito dos pilotos de caça japoneses ao fato de os seres humanos terem desenvolvido a visão binocular e os polegares oponíveis. Esperamos das causas que mencionamos que tenham uma conexão bastante mais direta com as consequências', do contrário as descartamos [...]. As tentativas de atribuir a mudança climática à natureza da espécie humana parecem condenadas a esse tipo de vacuidade. Em outros termos, não é possível invocar fatores trans-históricos – em particular os que implicam a toda a espécie – para explicar uma ordem qualitativamente nova na história, como a exportação de mercadorias ao mercado mundial produzidas por meio da mecanização e da energia a vapor.[159]

Se Malm e Hornborg estão certos, a história humana da mudança climática nos leva para uma outra direção – a da responsabilidade do mundo desenvolvido e das corporações que mais contribuíram para a mesma e dela mais se beneficiaram.

---

[158] Kenneth Pomeranz, *The Great Divergence: China, Europe, and the Making of the Modern World Economy* (Princeton, NJ, 2000); Fredrik Albritton Jonsson, *Enlightenment's Frontier: The Scottish Highlands and the Origins of Environmentalism* (New Haven, 2013).

[159] Malm e Hornborg, "The Geology of Mankind?", p. 3. A citação foi tirada de John Lewis Gaddis, *The Landscape of History* (Oxford, 2002), p. 96.

Em casos como esses, a história nos instrui sobre o ordenamento da própria economia política, em contraposição à sabedoria comum de que a regulação das indústrias e o imposto sobre os interesses investidos estorvam o crescimento econômico. Ela questiona, portanto, a paralisia política da última década do século XX, que poderia ser caracterizada como a oposição entre os ambientalistas, pregando mais regulamentação e cooperação internacional, e os economistas, pregando o interesse individual, a inovação tecnológica e a desregulamentação, com a promessa de que as soluções para o meio ambiente viriam por si mesmas a seguir. Devido, em grande parte, às evidências acumuladas pelos historiadores sobre os processos de longo prazo, essa paralisia hoje não é mais defensável. A evidência histórica em matéria de economia já demonstrou que o crescimento econômico também é possível num ambiente de regulamentação. A reflexão histórica abre aqui também um caminho na direção de sistemas de governança que penalizem os interesses que mais se beneficiaram da destruição climática.

Quando começamos a analisar os dados históricos em relação à causalidade, à ação e às alternativas, nos damos conta de que a "tragédia dos bens comuns" não é uma regra necessária, mas antes um conjunto de condições historicamente construído em torno da destruição dos bens comuns que as elites do Ocidente criaram em seu próprio benefício.[160] Aprendemos que expressões como "capacidade de carga" e

---

[160] Peter Linebaugh, "Enclosures from the Bottom Up", *Radical History Review*, v. 108, p. 11-27, 2010; Anant Maringanti *et al.*, "Tragedy of the Commons Revisited (i)", *Economic and Political Weekly*, v. 47, p. 10-13, 2012; Michael Heller, "The Tragedy of the Anticommons: A Concise Introduction and Lexicon", *The Modern Law Review*, v. 76, p. 6-25, 2013; Kenneth R. Olwig, "Globalism and the Enclosure of the Landscape Commons", *in* Ian D. Rotherham (Org.), *Cultural Severance and the Environment: The Ending of Traditional and Customary Practice on Commons and Landscapes Managed in Common* (Dordrecht, 2013), p. 31-46. Ver também os abundantes estudos sobre a história dos bens comunais, *in* Elinor Ostrom *et al.*, *Digital Library of the Commons*: http://dlc.dlib. indiana.edu/dlc/.Os estudos da própria Ostrom sobre isso são menos sobre a sua duração histórica e mais sobre os princípios abstratos que parecem ter caracterizado os mais duráveis desses bens comunais. A literatura sobre os cercamentos das terras comunais europeias, é útil para se pensar sobre isso, como a de: Leigh Shaw-Taylor, "Parliamentary Enclosure and the Emergence of an English Agricultural Proletariat", *Journal of Economic History*, v. 61, p. 640-662, 2001.

mesmo "superpopulação" ou "população" carregam consigo a marca de ideias colonialistas sobre gestão da vida selvagem e dos nativos e povos indígenas, ou inclusive de ideias religiosas sobre o castigo de Deus aos preguiçosos, e que se viram menos confirmadas por uma efetiva lei da natureza do que se supôs alguma vez.[161] Revisando ideias antiquadas e demonstrando o peso de velhos prejuízos sobre a realidade, a história pode contribuir para repensar criticamente os termos que utilizamos para falar do futuro e demonstrar como alguns deles estão impregnados de prejuízo e de pensamento obsoletos.

O gênero de narrativa ilustrado por Robin, Yates e Thompson é história crítica em seu máximo nível crítico. Esses autores identificam os jogadores que constroem o jogo; mostram de onde vêm os termos e assinalam contradições no sistema. A história crítica é uma das formas de narração para a qual hoje a maior parte dos historiadores foi formada. Ela pode nos ajudar a dizer qual lógica manter para o futuro e qual descartar. Identificada com a "hermenêutica da suspeita", a história crítica é filha da década de 1970 (tanto quanto a micro-história) ainda que vinculada à rica tradição que remonta pelo menos a Karl Marx. Sua aplicação é útil para desmascarar a corrupção institucional – descobrindo discursos tóxicos com significados sobrecarregados ou implícitos; desvelando supostos salvadores como fraudes; e desnudando aspirantes a imperador. Temos um bom acervo de boa história crítica. Nathan Sayre nos conta como o termo "capacidade de carga" foi primeiro aplicada a embarcações, que iriam literalmente a pique se sua capacidade fosse ultrapassada; depois foi transferida às populações animais no caso da vigilância colonial britânica das reservas de caça, passando, finalmente, da administração colonial de animais ao governo de populações nativas.[162] Na expressão está implícita a lógica do controle governamental da população a partir de cima. Achados similares foram sugeridos pelas histórias de Alison Bashford e Matthew Connelly sobre governo internacional, controle da população e neomalthusianismo.[163] A história sugere que de todos

---

[161] Marsha L. Weisiger, *Dreaming of Sheep in Navajo Country* (Seattle, 2009).

[162] Nathan F. Sayre, "The Genesis, History, and Limits of Carrying Capacity", *Annals of the Association of American Geographers*, v. 98, p. 120-134, 2008.

[163] Connelly, *Fatal Misconception*; Bashford, *Global Population*.

os tipos de controle que podemos estabelecer, o da população é um dos que mais tem probabilidade de dar errado.

Todas essas distinções entre o real e o fictício têm imensas implicações em política internacional. Na verdade, essa forma de reflexão histórica contradiz diretamente a política internacional que muitas nações adotaram desde a *Comissão Bruntland* de 1987, para a qual as nações desenvolvidas não poderiam carregar o peso de uma ação para a melhora da mudança climática por causa de sua relação com os projetos de industrialização em curso no Sul Global.[164] Nesse exemplo, pensar em termos de espécie – insistindo em que enquanto membros de uma mesma espécie devemos cooperar uns com outros – constituiu para as elites do Ocidente uma cômoda desculpa para sustentar que na sua posição não estão em condições de encontrar uma solução para a mudança climática. A reflexão histórica, incluída a história pós-colonial adotada pelas elites na Índia e na China, tornou impossível às potências ocidentais esconderem-se atrás do véu da teoria econômica como desculpa para não fazer nada.

Reflexões sobre governança internacional

A capacidade do pensamento histórico para desestabilizar as conclusões acerca da melhor configuração das instituições transcende as questões do meio ambiente. Também em matéria de governança internacional, a reflexão sobre o passado marca quase todas as discussões. Olhando retrospectivamente para os últimos cinquenta anos, muitos historiadores consideram que o socialismo está acabado, vítima do que o historiador Angus Burgin chamou de "a grande persuasão", a afirmação sistemática dos princípios do livre mercado por parte de *think-tanks* europeus e norte-americanos fundados por economistas ultraliberais, mas modelados e promovidos, frequentemente contra as melhores ideias desses mesmos economistas, por *lobbies* advogando

---

[164] Michael Redclift, "Sustainable Development (1987-2005): An Oxymoron Comes of Age", *Sustainable Development*, v. 13, p. 212-227, 2005; Chris Sneddon, Richard B. Howarth e Richard B. Norgaard, "Sustainable Development in a Post-Brundtland World", *Ecological Economics*, v. 57, p. 253-268, 2006; Paul B. Thompson, *The Agrarian Vision: Sustainability and Environmental Ethics* (Lexington, KY, 2010), p. 197-200.

em defesa dos interesses das grandes corporações norte-americanas.[165] Nas batalhas entre instituições travadas nas décadas de 1970 e 1980, surgiu uma nova era de "globalização" ou "neoliberalismo", caracterizada pelo declínio do socialismo e dos sindicatos, pelo colapso do comunismo enquanto alternativa, pela ascensão de instituições internacionais como o Fundo Monetário Internacional (FMI), a Organização Mundial do Comércio (OMC), o Banco Mundial, o G-7, o G-8 e outros foros supranacionais para o desenvolvimento do crédito, do comércio e do espírito empreendedor em todo o mundo.[166] Nesse modelo, a corporação global, a tecnologia e os governos nacionais dão-se as mãos, formando um baluarte que, para além de qualquer dúvida, constitui o único remédio concebível para qualquer mal da sociedade. Nesse estado de espírito, o CEO da Google e o diretor de seu *think-tank*, Google Ideas, por exemplo, sustentaram que a alta tecnologia é um aliado das políticas democráticas nacionais para acabar com a pobreza e abrir o acesso aos meios de comunicação e às eleições.[167] Os líderes que propõem soluções para o futuro não são reformadores nem ativistas, mas empreendedores e executivos.

Até recentemente, era raro que um jornalista ou um *policy-maker* considerasse essas instituições como produtos históricos suscetíveis de serem questionadas. Essas transições devem ser consideradas como divisores de água históricos, e cabe ao pensamento crítico sobre mudança a longo prazo compreender seu significado e se foram ou não efetivas. Em contrapartida, os indivíduos que protagonizaram grande parte das discussões sobre essas instituições tem sido eles mesmos importantes atores políticos. Nos seus testemunhos celebram inequivocamente a emergência de novas instituições e declaram o advento de uma nova era, sem se perguntar o que a mesma deixou como realização. Pelo menos com relação aos Estados Unidos, parece que "o socialismo está morto". Para Samuel Huntington, as lutas de longo prazo da Europa

[165] Angus Burgin, *The Great Persuasion: Reinventing Free Markets Since the Depression* (Cambridge, MA, 2012).

[166] David Harvey, *A Brief History of Neoliberalism* (Oxford, 2005); Wolfgang Streeck, *Buying Time: The Delayed Crisis of Democratic Capitalism* (Londres, 2014).

[167] Eric Schmidt e Jared Cohen, *The New Digital Age: Transforming Nations, Businesses, and Our Lives* (Nova York, 2014).

contra o resto do mundo assinalaram a perpetuação desses conflitos no futuro. Para Francis Fukuyama, a queda da União Soviética marcou "o fim da história", ou um momento no qual não eram imagináveis projetos utópicos alternativos ao capitalismo.[168] Alguma dessas afirmações sobre o passado é realmente verdadeira? Como poderíamos saber?

Interpretações desse tipo foram recentemente submetidas ao teste dos *big data* por parte de cientistas políticos que reuniram novos conjuntos de dados sobre culturas e instituições existentes no mundo numa perspectiva de *longue durée*, com a esperança de submeter à prova teorias sobre a inevitabilidade ou não do conflito cultural. Desde que Huntington predisse um "choque de civilizações", nos anos noventa do século passado, estudiosos de ciência política e de relações internacionais têm elaborado bancos de dados para medir a regularidade e a natureza das disputas entre Estados. Essas análises mostraram escasso consenso sobre a natureza do conflito ou da trajetória da história, mesmo quando concordam que a ajuda econômica e o crescimento em geral tendem a manter uma correlação positiva com a democracia.[169] Na verdade,

---

[168] Francis Fukuyama, *The End of History and the Last Man* (Nova York, 1992); Samuel P. Huntington, *The Clash of Civilizations and the Remaking of World Order* (Nova York, 1996).

[169] Errol Henderson, "Culture or Contiguity? Ethnic Conflict, the Similarity of States, and the Onset of Interstate War, 1820-1989", *Journal of Conflict Resolution*, v. 41, p. 649-668, 1997; Henderson, "The Democratic Peace through the Lens of Culture, 1820-1989", *International Studies Quarterly*, v. 42, p. 461-484, 1998; Manus I. Midlarsky, "Democracy and Islam: Implications for Civilizational Conflict and the Democratic Peace", *International Studies Quarterly*, v. 42, p. 485-511, 1998; Eric Weede, "Islam and the West: How Likely Is a Clash of These Civilizations?", *International Review of Sociology*, v. 8, p. 183-195, 1998; Bruce M. Russett, John R. Oneal e Michaelene Cox, "Clash of Civilizations, or Realism and Liberalism Déjà Vu? Some Evidence", *Journal of Peace Research*, v. 37, p. 583-608, 2000; Giacomo Chiozza, "Is There a Clash of Civilizations? Evidence from Patterns of International Conflict Involvement, 1946-1997", *Journal of Peace Research*, v. 39, p. 711-34, 2002; Tanja Ellingsen, "Toward a Revival of Religion and Religious Clashes?", *Terrorism and Political Violence*, v. 17, p. 305-332, 2005; Kunihiko Imai, "Culture, Civilization, or Economy? Test of the Clash of Civilizations Thesis", *International Journal on World Peace*, v. 23, p. 3-26, 2006; Mustafa Aydin and Çınar Özen, "Civilizational Futures: Clashes or Alternative Visions in the Age of Globalization?", *Futures, Special Issue: Futures for Multiple Civilizations*, v. 42, p. 545-552, 2010; Alexis Pasichny, "Two Methods of Analysis for Huntington's "Clash of Civilizations", *Challenges of Modern Technology*, v. 3, 2012, disponível em:

muitos são os que questionaram a viabilidade da categoria "civilização" utilizada por Huntington e tomada emprestada da antropologia vitoriana com sua visão de mundo essencialista e hierárquica e de discutível aplicação num mundo globalizado no qual fenômenos como a educação, o comércio e a migração têm caráter transnacional.[170] Assim, mesmo com a imensa reunião de dados que utilizam, as fórmulas mais influentes nos anos noventa do século passado e da primeira década do atual para compreender nosso passado e nosso futuro não são em absoluto persuasivas. Onde mais então podemos buscar orientação?

Uma alternativa consiste em considerar a capacidade da história para definir sistemas de governança alternativos. Um exemplo é a história de *longue durée* oferecida por David Graeber em seu *Debt: The First 5.000 Years*, de 2010. Enquanto especialistas em estudos internacionais, na esteira das políticas thatcherianas, sustentaram que não há na realidade alternativa ao capitalismo, Graeber mostra como a maneira de o capitalismo conceber a dívida é apenas o exemplo mais recente de uma forma recorrente de cultura que carrega de dívida os indivíduos, e como o registro histórico dos sistemas de dívida constitui, de modo acumulativo, uma cadeia de escravidão através das gerações e dos continentes que obriga entre si pessoas de países diversos antes mesmo de seu nascimento. Com essa história, Graeber está em condições de sustentar as alternativas históricas concretas com as quais os mosteiros budistas e as seitas proféticas do cristianismo responderam aos cativeiros por dívida quando os encontraram, ou seja, à sua abolição a intervalos regulares. Graeber recomenda essa remissão tanto para as dívidas internacionais que obrigam as nações em desenvolvimento frente ao Banco Mundial como para as dívidas internas que encadeiam cada vez mais aos formados em universidades e aos consumidores da classe trabalhadora nos Estados Unidos. O relato de Graeber depende da trama de milhares de análises de diferentes sistemas econômicos abrangendo dos aborígenes de Madagascar, e dos índios kwakiutl, à experiência

---

<http://yadda.icm.edu.pl/baztech/element/ bwmeta1.element.baztech-ddff88f7-7650-49d5-8164-033422b0de1e/c/ Pasichny.pdf.>, acesso em: 30 abr. 2018.

[170] Shireen Hunter e Huma Malik, *Modernization, Democracy, and Islam* (Westport, CT, 2005).

africana do comércio transatlântico de escravos na época imediatamente anterior à Guerra Civil norte-americana. Nenhum desses episódios constitui um sistema estático; pelo contrário, todos eles se opõem entre si no interior das redes do comércio transoceânico, com a consequência de se verem desafiados ou de, por sua vez, desafiarem. Com esse quadro, Graeber está em condições de mostrar que as várias formas de relações monetárias, do dom à dívida, têm estado presentes durante muito tempo, mas que não são facilmente compatíveis entre si, e que os endividados e os escravizados tem recursos à sua disposição, incluindo a profecia e a revolução. Uma série de microepisódios conduz a uma macrovisão do mundo que é criticamente maior da que anteriormente possuíamos.[171]

Histórias como as de Graeber podem desestabilizar a nossa fé em instituições como a própria dívida e se revelam as mais propícias para o estabelecimento de um tipo de democracia que se caracteriza pela participação e pela oportunidade. Enquanto que Huntington e Fukuyama se empenhavam em fazer da história uma simples alegoria do triunfo do Ocidente, a perspectiva de longo prazo abre portas e janelas, permitindo-nos olhar em volta para outras maneiras de organizar nossa sociedade. Uma história mais longa de governo internacional pode inclusive demonstrar que existem alternativas ao nosso sistema político, alternativas que poderiam, por sua vez, oferecer uma expressão mais plena do próprio conceito de democracia. Novos levantamentos baseados em análises de dados suscitam interrogações sobre a inevitabilidade do Estado "westfaliano", única forma de governança verdadeiramente universalizada desde fins do século XVIII. Nesse modelo, todo ser humano deve ser – ou aspira a ser – membro desse tipo de Estado; praticamente não há polegada na superfície da terra que não tenha sido reivindicada e controlada por esses Estados.[172] Mas é esse verdadeiramente o único modelo a ter solidez e potencial utópico no século XXI?

Antes do momento atual, uma série de tentativas de se criar governos mundiais seguiram caminhos notavelmente distintos. A Sociedade

---

[171] David Graeber, *Debt: The First 5,000 Years* (Brooklyn, NY, 2010).

[172] David Armitage, *The Declaration of Independence: A Global History* (Cambridge, MA, 2007); Andreas Wimmer e Yuval Feinstein, "The Rise of the Nation-State Across the World, 1816 to 2001", *American Sociological Review*, v. 75, p. 764-790, 2010.

das Nações procurou criar uma paz durável unificando as vozes do governo democrático. Como mostrou Mark Mazower, na década de 1940 os líderes políticos combinaram a fé na virtude do planejamento nacional com o compromisso de participar dos organismos coletivos de tomada de decisões internacionais. As Nações Unidas ampliaram essa perspectiva, unindo-a à especialização posta a serviço do mundo em desenvolvimento, fomentando o envio de especialistas da OIT (Organização Internacional do Trabalho) em cooperativas; especialistas em solos da FAO (Organização das Nações Unidas para Alimentação e Agricultura) e especialistas em habitação e educação, estendendo assim o conhecimento por todo o globo. Em sua origem, o Banco Mundial estava organizado para dar apoio a essas visões de governo mundial em favor do poder econômico do mundo em desenvolvimento, mas por volta da década de 1960 adotou uma nova linha de experimentação, a extensão de gigantescas dívidas nacionais, aparentemente destinada a ajudar as nações da América Latina, da África e do Sul da Ásia a construir suas infraestruturas. De fato, o surgimento do Banco Mundial assinalou a transição para uma nova forma de governo internacional em que se dava por suposto que era a finança internacional, e não um aumento na arrecadação de impostos, que iria providenciar o dinheiro para projetos em grande escala.[173] Por volta da década de 1970, como sugerem os registros, a promessa de governo internacional e apoio à democracia foi rompida. As formas de governo internacional que temos tido desde então favoreceram as grandes corporações e os interesses consolidados e não o desenvolvimento ou a democracia.

O governo internacional tem na atualidade algum futuro? Sempre mais, os países emergentes – Brasil, Rússia, Índia e China (os BRIC) – ficam fora das negociações. Temos assistido a movimentos globais e a protestos de massa – à Primavera Árabe e ao *Occupy Movement*, mas também aos indignados na Espanha, às agitações civis em Istambul, Kiev e Londres; e olhando mais atrás, ao *Millenium Development Goals*, ao movimento pelos

---

[173] Michael Goldman, *Imperial Nature: The World Bank and Struggles for Social Justice in the Age of Globalization* (New Haven, 2005); *Amy L. Sayward, The Birth of Development: How the World Bank, Food and Agriculture Organization, and World Health Organization Changed the World, 1945-1965* (Kent, OH, 2006); *Mark Mazower, Governing the World: The History of an Idea* (Londres, 2012); Patricia Clavin, *Securing the World Economy: The Reinvention of the League of Nations, 1920-1946* (Oxford, 2013).

direitos humanos, ao crescimento das ONGs, ao altermundialismo, ou aos movimentos camponeses como a Via Campesina. Poderiam esses movimentos assinalar uma direção nova à governança global? Também essa questão está sendo posta com seriedade graças ao trabalho com fatos históricos. Os historiadores documentaram o surgimento de um movimento internacional de povos indígenas desde a década de 1970 e chamado a atenção para a existência de instituições frequentemente ignoradas pelos meios de comunicação ou a ciência política; demonstraram o sucesso do Movimento dos Trabalhadores Rurais Sem Terra (MST) no Brasil, e seu programa de movimentos agrícolas de populações administradas democraticamente.[174]

Também no que concerne à empresa e à tecnologia, há histórias mais longas que podem nos ajudar a imaginar como seriam um mercado livre ou o desenvolvimento econômico num contexto no qual a democracia realmente fosse levada em conta. No século XVIII, as nações começaram a utilizar as novas tecnologias – por exemplo, as estradas e as ferrovias – como recursos comuns, subsidiando seu desenvolvimento por meio de expropriações (conhecidas também como "compra forçada", a doutrina pela qual o Estado se apodera de terras em nome do bem público) e forçando o serviço aos pobres mediante tarifas reduzidas e o acesso às regiões mais pobres do interior. Desde então, as principais potências passaram por muitas fases de construção governamental e de entrincheiramento libertário.[175] Histórias de períodos mais longos começaram a levantar questões sobre a relação entre tecnologia, livre mercado e crescimento econômico.

As tecnologias da democracia global, do censo à internet, sugerem outras modalidades de utilização das inovações tecnológicas por parte do Estado. Em nossa época, existem outras tecnologias que oferecem a possibilidade de ampliar a promessa de participação na política e no mercado. Entre elas, incluem-se formas participativas para o mapeamento dos desastres ecológicos, como as que foram levadas a cabo por grupos de simples cidadãos, a chamada *"citizen science"*, junto

---

[174] Angus Lindsay Wright, *To Inherit the Earth: The Landless Movement and the Struggle for a New Brazil* (Oakland, CA, 2003); Wendy Wolford, *This Land Is Ours Now: Social Mobilization and the Meanings of Land in Brazil* (Durham, NC, 2010).

[175] Jo Guldi, *Roads to Power: Britain Invents the Infrastructure State* (Cambridge, MA, 2012).

O LONGO E O BREVE: MUDANÇA CLIMÁTICA, GOVERNANÇA E DESIGUALDADE A PARTIR DA DÉCADA DE 1970

com o diálogo, os processos democráticos, a extensão da banda larga barata ou gratuita ao campo e aos guetos, o reforço da neutralidade da rede para estimular o espírito empreendedor em todos os níveis de capitalização e a democratização do sistema de domínio de internet fora das mãos da Internet Corporation for Assigned Names and Numbers (ICANN) que é regida de acordo com interesses privados. As primeiras histórias desses movimentos sugerem de que maneira a inovação, inclusive a própria invenção da internet, pode estar ligada a uma história de investimento estatal e de uma ampla participação política, com frequência por quem não tem ainda ligação com o poder.[176] Mas os historiadores começaram a compreender que essa busca de uma tecnologia idônea para a democracia participativa tem uma história muito mais longa, que remonta às primeiras décadas do século XX, quando organizações como a Mass Observation tentaram juntar numa ação coletiva dados sobre desemprego e cidadãos-sociólogos lançaram uma campanha de inteligência para proteger a Grã-Bretanha do fascismo.[177]

Quanto mais histórias eram reunidas sobre esses "caminhos não percorridos", tanto mais informação os historiadores reuniam sobre o modelo de governo de especialistas que exclui das avenidas do poder a participação democrática. Por exemplo, em estudos sobre a administração britânica no setor de irrigação na Índia e acerca do mosquito anófeles no Egito, assim como da história da saúde pública,

---

[176] Fred Turner, *From Counterculture to Cyberculture: Stewart Brand, the Whole Earth Network, and the Rise of Digital Utopianism* (Chicago, 2006); Matthew Hilton, "Politics Is Ordinary: Non-Governmental Organizations and Political Participation in Contemporary Britain", *Twentieth Century British History*, v. 22, p. 230-268, 2011; Jo Guldi, "Can Participatory Maps Save the World?", palestra na Brown University, 7 nov. 2013, disponível em: <https://www.youtube.com/watch?v1⁄4tYL4pVUW7 Lg&list1⁄4PLTiEffrOcz_7MwEs7L79ocdSIVhuLXM22&index1⁄411>.

[177] Penny Summerfield, "Mass-Observation: Social Research or Social Movement?", *Journal of Contemporary History*, v. 20, p. 439-452, 1985; David Matless, "Regional Surveys and Local Knowledges: The Geographical Imagination in Britain, 1918-1939", *Transactions of the Institute of British Geographers*, New Series, v. 17, p. 464-480,1992; Matless, "The Uses of Cartographic Literacy: Mapping, Survey and Citizenship in Twentieth-Century Britain", *in* Dennis E. Cosgrove (Org.), *Mappings* (Londres, 1999), p. 193-212; James Hinton, *The Mass Observers: A History, 1937-1949* (Oxford, 2013).

os historiadores encontraram amplas evidências de que muitos Estados-nações suprimiram a democracia por dentro, usando a competência técnica como uma maneira de excluir grupos de pressão de cidadãos com base em critério de raça e de classe.[178] Também mostraram que o crescimento das ONGs tem correspondência com a crescente marginalização de sindicatos, de grupos de vizinhos, e inclusive de partidos políticos do processo político – resultando que o poder financeiro real para novos projetos, seja sobre assistência aos pobres, seja sobre educação ou reforma ambiental, raramente está nas mãos dos eleitores.[179] A evidência histórica também sugere que a proliferação de economistas em posições de alto perfil político tem estado ligada à promoção do PIB e à concomitante retração do emprego, da saúde, da educação e da participação política. [180]

Como no caso do debate sobre mudança climática, os dados históricos podem proporcionar não só modelos a imitar, mas também a servir de advertência, em particular com relação aos perigosos efeitos dos monopólios tecnológicos sobre os mercados nacionais. Estudos históricos sobre as ferrovias norte-americanas mostram como o respaldo governamental às companhias privadas não regulamentadas levou a um aumento excessivo de recursos num mundo que carecia de capital suficiente para tornar efetivos esses interesses. O resultado foi

---

[178] David Ludden, "Patronage and Irrigation in Tamil Nadu: A Long-Term View", *Indian Economic & Social History Review*, v. 16, p. 347-365, 1979; Christopher Hamlin, *Public Health and Social Justice in the Age of Chadwick: Britain, 1800-1854* (Cambridge, 1998); Timothy Mitchell, *Rule of Experts: Egypt, Techno-Politics, Modernity* (Berkeley, 2002); Rohan D'Souza, *Drowned and Damned: Colonial Capitalism and Flood Control in Eastern India* (Nova Deli, 2006).

[179] Terje Tvedt, "NGOs' Role at 'The End of History'": Norwegian Policy and the New Paradigm', *Forum for Development Studie*s, v. 21, p. 139-166, 1994; J. Petras, "Imperialism and NGOs in Latin America", *Monthly Review*, Nova York, v. 49, p. 10-27, 1997; Akira Iriye, "A Century of NGOs", *Diplomatic History*, v. 23, p. 421-435, 1999; Diana Mitlin, Sam Hickey e Anthony Bebbington, "Reclaiming Development? NGOs and the Challenge of Alternatives", *World Development*, v. 35, p. 1699-1720, 2007.

[180] John Markoff e Verónica Montecinos, "The Ubiquitous Rise of Economists", *Journal of Public Policy*, v. 13, p. 37-68, 1993; Marion Fourcade, "The Construction of a Global Profession: The Transnationalization of Economics", *American Journal of Sociology*, v. 12, p. 145-194, 2006.

que os magnatas das ferrovias obtiveram grandes benefícios, enquanto milhões de famílias perderam suas fortunas que haviam investido nas cidades aparecidas com o *boom* e que em termos econômicos estavam condenadas desde o início.[181] Outros relatos de monopólio estatal puseram recentemente em relevo os nexos entre o poder das corporações e a sanguinária história norte-americana de expansão de Estados policiais na América Latina, Filipinas e Vietnã.[182]

Desigualdade

Em nenhum lugar são tão veementes a acusação e as alternativas como nesse tipo de discussão que enfatiza a distância entre possuidores e despossuídos. Mitos não corroborados pela *longue durée* persistem, afirmando que as instituições que agora temos são as únicas que poderíamos ter. O mais poderoso mito de nosso tempo é o relativo à desigualdade e ele se apresenta em duas versões: uma, baseada na antropologia econômica, que olha para o passado, pondo o acento no comportamento do macho-alfa entre os primatas para sustentar que a desigualdade é um conhecido aspecto de nossa conduta enquanto espécie, da qual nunca iremos nos livrar.[183] A outra grande versão sobre a desigualdade no tempo é a que está associada ao economista da Guerra Fria, Simon Kuznets, professor em Harvard e antigo empregado do Departamento de Guerra dos Estados Unidos, cujos dados sobre a elevação do nível de vida da maioria dos norte-americanos entre a Grande Depressão e a década de 1960 sugeriam que, numa democracia capitalista, a desigualdade desapareceria de forma

[181] Richard White, *Railroaded: The Transcontinentals and the Making of Modern America* (Nova York, 2011).

[182] Nick Cullather, "'The Target Is the People': Representations of the Village in Modernization and US National Security Doctrine", *Cultural Politics: An International Journal*, v. 2, p. 29-48, 2006; Cullather, "The Foreign Policy of the Calorie", *The American Historical Review*, v. 112, p. 337-364, 2007; Greg Grandin, *Fordlandia: The Rise and Fall of Henry Ford's Forgotten Jungle City* (Nova York, 2009); Cullather, *The Hungry World: America's Cold War Battle Against Poverty in Asia* (Cambridge, MA, 2010).

[183] Richard R. Nelson e Sydney G. Winter, *An Evolutionary Theory of Economic Change* (Cambridge, MA, 1982); Nelson e Winter, "Evolutionary Theorizing in Economics", *Journal of Economic Perspectives*, v. 16, p. 23-46, 2002.

natural.[184] Nos trinta anos posteriores a 1970, quando a história e as humanidades estavam em retirada do domínio público, esses tipos de relatos circularam indiscutidos em muitos âmbitos políticos e acadêmicos. Mas, hoje, o retorno da reflexão sobre o longo prazo está obrigando os estudiosos a questionar esses dois mitos graças à força dos dados reunidos no curso do tempo.

A potencialidade que esses dados têm de transformar a discussão ficou claramente evidenciada nos debates sobre a desigualdade econômica a longo prazo sob o capitalismo suscitados pela publicação, em 2014, de *O capital no século XXI*, do economista Thomas Piketty.[185] Na introdução, Piketty explica que o impulso para reunir dados de *longue durée* sobre a desigualdade surgiu-lhe quando se inteirou de que a maioria dos economistas aceitava como lei a afirmação de Kuznets segundo a qual, com o tempo, o capitalismo tenderia a reduzir a desigualdade.[186] Diferentemente de Piketty, que tomou em consideração séculos, Kuznets fundamentara sua asserção em dados recolhidos em umas poucas décadas, correspondentes a um período excepcional da história econômica – o da retomada pós-depressão e pós-guerra na qual ele mesmo vivera, um dos períodos mais impressionantes de crescimento econômico e de diminuição de desigualdade dos últimos dois séculos.[187] Mas quando Piketty examinou a evolução da desigualdade na França, Estados Unidos, Grã-Bretanha e outros lugares no curso de dois séculos, seus dados mostraram que a queda da desigualdade foi realmente algo bastante insólito no capitalismo. Sua análise de *longue durée* abalou os preconceitos e as supostas leis dos economistas, desvelando com a força dos dados que a suposta verdade conclusiva não era mais que uma especulação contingente.

A intervenção de Piketty se baseava na medição de muitos tipos de dados e em sua recíproca confrontação. Os dados sobre desigualdade

---

[184] Zachary Karabell, *The Leading Indicators: A Short History of the Numbers that Rule Our World* (Nova York, 2014), p. 52-72.

[185] Thomas Piketty, *Le Capital au XXIe siècle* (Paris, 2013); Piketty, *Capital in the Twenty-First Century*, tradução de Arthur Goldhammer (Cambridge, MA, 2014).

[186] Piketty, *Capital in the Twenty-First Century*, p. 11–17.

[187] Simon Kuznets e Elizabeth Jenks, *Shares of Upper Income Groups in Income and Savings* (Cambridge, MA, 1953); Simon Kuznets, "Economic Growth and Income Inequality", *American Economic Review*, v. 45, p. 1-28, 1955.

procediam de cinco países: França, Grã-Bretanha, Estados Unidos, Alemanha e Suécia. Como frequência, nos anos para os quais os valores não estão disponíveis, eles foram aproximados e ajustados levando-se em conta as diversas técnicas de cálculo adotadas pelos vários países, ou foram extrapolados dos decênios precedentes no caso de mudanças nas modalidades de levantamento estatístico. Como ficou claro quando o *Financial Times* questionou as análises de Piketty, este malabarismo com os dados requeria antes de mais nada uma avaliação crítica da natureza das estatísticas de fonte governamental. Por que, queria saber o *Financial Times*, Piketty afirmava que 70% da riqueza contemporânea da Grã-Bretanha estava em mãos de 1%, quando, segundo as próprias cifras governamentais, somente 35% estava nas mãos da elite? Como Piketty esclareceu nas réplicas e explicações, ele já havia pensado em profundidade sobre essas questões e as havia explicado numa série de artigos. As cifras oficiais sobre a riqueza na Grã-Bretanha estavam baseadas nas declarações dos contribuintes, e não incluíam, portanto, a riqueza escondida no exterior.[188]

Esse tipo de análise crítica dos dados tem nos departamentos de história uma longa tradição, que remonta aos trabalhos de Theodore Porter e Ian Hacking na década de 1970, que mostraram de que maneira as definições estatísticas governamentais, das do "desemprego" às do "homem médio", eram calculadas com vistas à pacificação política, reduzindo ao mínimo os motivos de reivindicação operária por reparações, por bem-estar, ou mesmo por reforma do governo.[189] Mas uma análise crítica de longo prazo dos dados pode questionar essas

---

[188] Chris Giles, "Data Problems with Capital in the 21st Century", disponível em <http://piketty.pse.ens.fr/files/capital21c/en/media/FT23052014c.pdf.>, acesso em: 30 abr. 2018; Thomas Piketty, "Technical Appendix of the Book, Capital in the 21st Century", 21 maio 2014, disponível em: <http://piketty.pse.ens.fr/files/capital21c/en/Piketty2014FiguresTablesLinks.pdf>, acesso em: 30 abr. 2018.

[189] Ian Hacking, *The Emergence of Probability: A Philosophical Study of Early Ideas About Probability, Induction and Statistical Inference* (Cambridge, 1975); Theodore M. Porter, *The Rise of Statistical Thinking, 1820-1900* (Princeton, NJ, 1986); Ian Hacking, *The Taming of Chance* (Cambridge, 1990); Porter, *Trust in Numbers: The Pursuit of Objectivity in Science and Public Life* (Princeton, NJ, 1995); Alain Desrosières, *The Politics of Large Numbers: A History of Statistical Reasoning* (Cambridge, MA, 2002); Michael Ward, *Quantifying the World: UN Ideas and Statistics* (Bloomington, IN, 2004); Karabell, *The Leading Indicators*.

médias e tabelas estatísticas, contribuindo assim para derrubar velhos preconceitos sobre a inevitável realidade da política ou sobre a difusão da riqueza numa sociedade. Esse é exatamente o tipo de intervenção nos debates mundiais que Braudel esperava de seus estudos de *longue durée*.

Parte da força do livro de Piketty devia-se ao fato de sua crítica a Kuznets se apoiar em métodos fundados em dados que desautorizavam os mitos históricos postulados em economia sobre a base de dados de curto prazo. Desde a década de 1970, a economia permaneceu atolada num contínuo debate sobre os efeitos do incremento da tecnologia e da produtividade na sociedade: o aumento da inovação conduz a mais riqueza ou mais ócio para todos? Ou, antes, mais inovação tecnológica enreda os seres humanos modernos numa espiral de busca de bens de consumo que exige sempre mais tempo e esforço, da mesma maneira em que a expansão das cidades gera na classe operária a necessidade primordial de ter um carro para ir trabalhar?[190] As intervenções de Piketty não são, pois, mais que uma pequena parte da coalisão de muitos colaboradores para medir rigorosamente as promessas e a realidade da desigualdade de renda no capitalismo avançado. Sob a liderança de Piketty e de Emmanuel Saez, a Escola de Economia de Paris tornou público um banco de dados de *longue durée* relativos às rendas individuais mais altas do mundo, agregando dados provenientes dos registros públicos de impostos, país por país, a partir de 1900.[191]

O livro de Piketty – que segundo admite seu autor é "tanto um trabalho de história como de economia" – exemplifica como importantes estudos históricos baseados em dados são capazes de falar à política e ao público, indo muito além dos confins da história profissional.[192] A história tem essa capacidade de criar importantes debates teóricos, revelando que aquilo que era antes aceito como verdade natural não é na realidade mais que preconceito sem examinar. Como consequência, *O Capital no Século XXI* abalou as crenças

---

[190] Sebastian De Grazia, *Of Time, Work, and Leisure* (Nova York, 1962); Ivan Illich, *Toward a History of Needs* (Nova York, 1978).

[191] Facundo Alvaredo, Anthony Atkinson, Thomas Piketty e Emmanuel Saez, "The World Top Incomes Database": <https://www.parisschoolofeconomics.eu/en/news/the-top-incomes-database-new-website/>, acesso em: 30 abr. 2018.

[192] Piketty, *Capital in the Twenty-First Century*, p. 33.

centrais de muitos dos que governam nossa sociedade – especialmente dos responsáveis pelos resgates financeiros de Wall Street em 2010. No núcleo da nova controvérsia que sua história provocou, encontram-se as afirmações acerca da natureza e da promessa do próprio capitalismo, considerado na *longue durée*, no contexto de uma batalha na qual a análise de longo prazo triunfa sobre dados de curto prazo.

A proliferação de mitologias

A abundância de relatos falsos é em nosso tempo uma das principais razões pelas quais nos encontramos numa crise de pensamento de curto prazo. Numa época de soluções simplistas para problemas concernentes à elevação do nível dos mares, à governança ou à desigualdade, poucas pessoas podem falar de grandes quadros históricos com autoridade. A proliferação de narrativas reducionistas sobre o passado tem uma história, como qualquer outra coisa. Cenários de pesadelo e mitologias fundamentalistas sobre o clima, a governança e a desigualdade, começaram a se difundir aproximadamente na mesma época em que os historiadores começaram a se concentrar em escalas temporais sempre mais reduzidas.

No momento em que o passado breve veio a se impor nas discussões sobre a história, a abordagem de *longue durée* começou, por contraste, a parecer como um modo antiquado de narrar história, somente praticado por patriarcas e amadores, inapropriado a um estudioso moderno especialista no uso de evidências e argumentos. Isso levou à acusação de ter a história social abandonado todo interesse pela política, pelo poder e pela ideologia, fazendo seus praticantes, em contrapartida, "viverem em algum lugar da estratosfera, desligados da realidade".[193] Cada vez mais, o passado breve era definido não apenas como uma maneira a mais de se olhar para a história, mas como a única possível.

Pelo final da década de 1970, a tendência a tratar do tempo longo começou a parecer um deslustre, um desmazelo no qual nenhum historiador que se prezasse iria incorrer. Além do mais, os historiadores que

---

[193] Tony Judt, "A Clown in Regal Purple: Social History and the Historians", *History Workshop Journal*, v. 7, p. 84-85, 1979 (sobre Scott e Sewell, entre outros). Judt, contudo, era crítico com relação aos efeitos da *longue durée* braudeliana na "demolição do acontecimento histórico enquanto tal. Um dos resultados disso é a pletora de ensaios sobre questões miúdas e marginais". *ibid.*, p. 85.

ainda se dedicavam à *longue durée* se viam pressionados a se comunicar com leitores divididos por opiniões inconciliáveis típicas do cenário internacional durante a Guerra Fria. Considere-se, por exemplo, a experiência de Caroline Ware, editora de *History of Mankind*, projeto em vários volumes patrocinado pela UNESCO e desenvolvido entre 1954 e 1966. O livro de Ware, submetido à revisão de funcionários das respectivas nações representadas na UNESCO, tornou-se um cabo de guerra ideológico entre leitores russos e franceses, entre revisores protestantes e católicos, todos os quais pressionaram a UNESCO em favor de revisões que refletissem uma interpretação da história mundial coerente com as suas próprias visões nacionais e ideológicas. Para alguém que, como Ware, trabalhava por conta de um órgão da governança internacional, o êxito do projeto dependia da habilidade para realizar uma síntese que pudesse ser aceita quer por comunistas quer por capitalistas, mas a tarefa revelou-se simplesmente irrealizável. As pressões em favor de uns ou outros conteúdos foram de tal monta que o pessoal encarregado do projeto chegou à beira do desespero por estar o tempo todo a escrever uma história sintética capaz de entrar num quadro compartilhado. A própria Ware escreveu numa carta que "não é possível escrever uma história do século XX".[194] Essas desalentadoras experiências de escrever para órgãos da governança internacional danificaram ulteriormente a imagem da história de *longue durée*. A frustação de Ware com relação ao apaziguamento retórico foi algo que seus colegas micro-historiadores de arquivos puderam evitar por completo. Essas experiências, e muitas outras do mesmo tipo, proporcionaram uma importante justificação a uma geração de historiadores para abandonar a história de longo prazo em geral.

Em linhas gerais, depois desse episódio, os historiadores se recusaram em bloco a se comprometer com os futurólogos, deixando a *longue durée* "impura" contraposta à micro-história, como uma

---

[194] Citado por Grace V. Leslie, "Seven Hundred Pages of 'Minor Revisions' from the Soviet Union: Caroline Ware, the UNESCO History of Mankind, and the Trials of Writing International History in a Bi-Polar World, 1954-1966", *paper* apresentado no encontro anual da *American Historical Association*, New Orleans, Louisiana, 3 jan. 2013; sobre o projeto UNESCO mais em geral, ver: Gilbert Allardyce, "Toward World History: American Historians and the Coming of the World History Course", *Journal of World History*, v. 1, p. 26-40, 1990.

ferramenta para jornalistas e comentaristas, em absoluto como uma ciência, raramente ensinada e quase nunca debatida ou emulada. Os trabalhos de micro-história expandiram nossa compreensão da vida camponesa, da variedade de impulsos psicológicos, do público e do privado, e da experiência humana como produto de uma construção cultural. Mas eles também em grande parte abandonaram, na escrita da história, a prática retórica de uma crítica moral mais ampla para oferecer aos não historiadores como fonte para se pensar em formações sociais alternativas numa perspectiva de *longue durée*.

Numa época de fortes divisões ideológicas, os cientistas sociais tornaram-se sempre mais céticos sobre a possibilidade de instituições de desenvolvimento internacional serem idelogicamente neutras ou efetivas num mundo em que as promessas da teoria da modernização desvaneciam e morriam, da América Latina ao Sudeste Asiático, sobretudo depois da Guerra do Vietnã.[195] Consequentemente, suas bibliografias, em contraste com as da geração anterior, ficariam cada vez mais marcadas por trabalhos publicados em revistas avaliadas por seus pares e não pelas contribuições à medíocre e vazia literatura dos órgãos internacionais. Sua retirada foi completa: não mais atuaram como consultores do Banco Mundial, nem tampouco escreveram histórias de *longue durée* destinadas ao consumo dos líderes das instituições governamentais. À medida que historiadores, antropólogos e sociólogos pararam de escrever e trabalhar para as instituições de governo mundial, os economistas tomaram seu lugar. Fora dos departamentos de história, a consequência pela perda dessa audiência composta por organizações influentes manifestou-se de muitas outras maneiras. A mais comum foi uma rastejante inveja científica no interior das ciências sociais, que levou à formulação de modelos e à concentração na teoria dos jogos e nos atores racionais – em resumo, uma retirada ao individual e ao abstrato, não ao coletivo e ao concreto. O foco sobre casos de estudo para responder a

---

[195] Frederick Cooper e Randall M. Packard (Orgs.), *International Development and the Social Sciences: Essays on the History and Politics of Knowledge* (Berkeley, 1997); Gilbert Rist, *The History of Development: From Western Origins to Global Faith* (Nova York, 2002); Nils Gilman, *Mandarins of the Future: Modernization Theory in Cold War America* (Baltimore, 2007).

problemáticas políticas transferiu-se das faculdades de direito (onde se havia estabelecido no século XIX) às de ciências empresariais e aos departamentos de ciência política, através do uso de estudos de caso em medicina.[196] A geração do *baby-boom* contribuiu de maneira importante para desenvolver a habilidade dos historiadores em compreender o mundo, mas o fez à custa de sua capacidade de falar voltados para as instituições de governança.

Vista nessa luz, uma ampla corrente no interior da historiografia de língua inglesa, dos anos 1970 a meados dos anos 2000, pode ser tomada como evidência de uma crise moral, de um olhar para dentro, e de um abandono de uma perspectiva empenhada em intervir sobre problemas globais contemporâneos e futuros alternativos. Enquanto os historiadores refinavam suas ferramentas e sua compreensão da justiça social, impunham à sua disciplina hábitos de atenção microscópica que culminaram num sentido de irrelevância prática, como se o historiador fosse um astrônomo fechado numa torre, afastado de toda paisagem política e econômica. Parte dessa crise consistiu numa crescente relutância dos historiadores em entrar na contenda das relações internacionais e da politica pública na qualidade de consultores profissionais. Em seu lugar, o papel de cidadãos conselheiros e de *policy-makers* sobre as possibilidades utópicas de mudança de longo prazo foi amplamente cedido aos colegas dos departamentos de economia, com a consequência que os títulos dos jornais e os círculos políticos começaram a ser dominados pelas teorias que idealizavam o livre mercado e o escasso ou nulo reconhecimento das lições morais que os historiadores sociais e pós-coloniais haviam extraído das historias do império e da industrialização, da saúde pública e do meio ambiente.[197]

Por volta da década de 1990, os comentaristas acadêmicos nos Estados Unidos se queixavam da crescente irrelevância da história e de outras disciplinas, e olhavam com nostalgia para a *intelligentsia* de Nova York da década de 1950 e para o papel ativo desempenhado

---

[196] Jean-Claude Passeron e Jacques Revel, "Penser par cas. Raissoner à partir de singularités", *in* Passeron e Revel (Orgs.), *Penser par cas* (Paris, 2005), p. 9-44.

[197] Markoff e Montecinos, "The Ubiquitous Rise of Economists"; Gerald D. Suttles e Mark D. Jacobs, *Front Page Economics* (Chicago, 2011).

pelos historiadores e pelos críticos literários na esfera pública.[198] Para muitos colegas era como se as humanidades tivessem simplesmente abandonado completamente o público. Pelo fim daquela década, uma geração mais jovem de historiadores, justamente a do *baby-boom*, começou a reabrir a questão da *longue durée*. Para muitos deles, especialistas em história antiga e medieval, o silêncio sobre o tópico do longo período era talvez particularmente doloroso. Por exemplo, o medievalista Daniel Lord Smail abrira o caminho do diálogo com a biologia evolucionista, levantando questões sobre a periodização da identidade humana e do consumismo, entre outros tópicos.[199]

As problemáticas morais dos temas de *longue durée* – incluindo a reorientação de nossa economia para fazer frente ao aquecimento global e à integração da experiência dos subalternos na política – exigiam dos historiadores a escolha de um público o mais amplo possível para todas as experiências humanas sobre as quais eles escreviam – incluindo, entre outros problemas, meio ambiente, governança, capitalismo e exploração. A história da *longue durée* desenvolve-se justamente em alusão ao Antropoceno, quando se faz necessário persuadir o público da realidade de uma relação de longo prazo entre a humanidade e o planeta, e em particular com a atmosfera, ecossistemas delicados e recursos naturais limitados. Mas é possível que também nos convença com relação às longas lutas em torno do legado de injustiças do capitalismo, como fizeram Tawney e Mumford, ou da governança do meio ambiente.[200]

---

[198] Entre os elogios daquela época, ver: Russell Jacoby, *The Last Intellectuals: American Culture in the Age of Academe* (New York, 1987); Michael Bérubé e Cary Nelson (Orgs.), *Higher Education under Fire: Politics, Economics, and the Crisis of the Humanities* (Nova York, 1995); Richard A. Posner, *Public Intellectuals: A Study of Decline* (Cambridge, MA, 2003); Jo Guldi, "The Surprising Death of the Public Intellectual: A Manifesto", *Absent*, v. 1, 2008, disponível em: <http://archive.org/details/TheSurprisingDeathOfThePublicIntellectualAManifestoForRestoration>, acesso em 30 abr. 2018.

[199] Daniel Lord Smail, *On Deep History and the Brain* (Berkeley, 2008); Smail, "Beyond the Longue Durée: Human History and Deep Time", *Perspectives on History*, v. 50, p. 59-60, 2012.

[200] Denis E. Cosgrove, *Apollo's Eye: A Cartographic Genealogy of the Earth in the Western Imagination* (Baltimore, 2001); John R. Gillis, *The Human Shore: Seacoasts in History* (Chicago, 2012).

O retorno da *longue durée* está intimamente conectado a mudanças nas questões de escala. Num momento de permanente crescimento da desigualdade, em meio a crises de governança global, e sob o impacto da mudança climática antropogênica, mesmo a mais insignificante compreensão sobre as condições que determinam as nossas vidas necessita ampliar a escala de nossas investigações. Embora sob novas formas e com novos objetivos, o retorno da *longue durée* mantém sua exigência de resposta às questões mais básicas da metodologia histórica – que problemas devemos selecionar, como delimitamos o campo da investigação e que instrumentos utilizamos para solucionar o problema. O poder da memória pode nos fazer retornar diretamente ao esquecido poder da disciplina da história de persuadir, de reimaginar e de inspirar. Constantin Fasolt, historiador do Renascimento, sustentou que a reflexão sobre as instituições cívicas da primeira modernidade tinha origem em grande parte no que ele chama de "revolta histórica".[201] À luz disso, os novos historiadores da *longue durée* deveriam ser orientados a utilizar a história para criticar as instituições que nos rodeiam e fazer a história retornar à sua missão de ciência social crítica. A história pode proporcionar a base para refutar os anacronismos fundados na deferência tão somente à longevidade. Pensar com o auxílio da história – mas desde que com longas extensões da mesma – pode nos ajudar a escolher quais instituições sepultar por estarem mortas e quais poderíamos querer manter vivas.

★★★

Na última década, não têm faltado evidências no panorama intelectual do retorno da *longue durée*. Um historiador de América Latina comenta sobre a sua própria área de investigação que "tornara-se antiquado propor teorias sobre [...] trajetórias históricas de muito longo curso", mas a mudança está agora no ar: "agora a *longue durée* está de volta". Em uma conferência, um historiador de cultura europeia diz a seus colegas, "todos estamos [...] implicados, mais ou menos explicitamente, numa *longue durée* da sexualidade". E uma professora de estudos norte-americanos observa sobre sua disciplina que "nenhuma

---

[201] Constantin Fasolt, *The Limits of History* (Chicago, 2004), p. 19.

pessoa interessada em estudos literários que tenha prestado ultimamente atenção a títulos de livros, conferências, grupos de pesquisa e inclusive planos de estudo nesse campo pode ter passado por alto duas expressões-chave [...] que estão tendo um papel fundamental na periodização no campo da crítica literária e da crítica cultural": uma é geográfica (o Mundo Atlântico) e a outra é "uma unidade cronológica, a *longue durée*".[202] Trabalhos recentes têm situado na perspectiva da *longue durée* a Guerra Fria e a migração, o Mar Negro e a Primavera Árabe, a espiritualidade feminina e a história da Áustria, o orientalismo alemão e os conceitos de império.[203] E mesmo um olhar sumário nos últimos volumes em estantes de história revela uma grande quantidade de histórias de longo alcance: de uma viagem de quinhentos anos ao redor do mundo, dos três mil anos de cristianismo e antijudaísmo do Antigo Egito aos dias de hoje; da estratégia dos chimpanzés até a teoria dos jogos, do genocídio "de Esparta a

---

[202] Jeremy Adelman, "Latin American Longues Durées", *Latin American Research Review*, v. 39, p. 224, 2004; Thomas W. Laqueur, "Sexuality and the Transformation of Culture: The Longue Durée", *Sexualities*, v. 12, p. 418, 2009; Susan Gillman, "Oceans of Longues Durées", *PMLA*, v. 127, p. 328, 2012.

[203] Matthew Connelly, "The Cold War in the Longue Durée: Global Migration, Public Health, and Population Control", *in* Melvyn P. Leffler e Odd Arne Westad (Orgs.), *The Cambridge History of the Cold War*, 3 v. (Cambridge, 2009), iii, p. 466-488; William M. Johnston, *Visionen der langen Dauer Österreichs* (Vienna, 2009); Suzanne L. Marchand, "Orientalism and the Longue Durée", *in* Marchand, *German Orientalism in the Age of Empire: Religion, Race, and Scholarship* (Cambridge, 2009), p. 1-52; Laurence Lux-Sterritt e Carmen M. Mangion, "Gender, Catholicism and Women's Spirituality over the Longue Durée", *in* Lux-Sterritt e Mangion (Orgs.), *Gender, Catholicism and Spirituality: Women and the Roman Catholic Church in Britain and Europe, 1200-1900* (Basingstoke, 2011), p. 1-18; Alexander A. Bauer e Owen P. Doonan, "Fluid Histories: Culture, Community, and the Longue Durée of the Black Sea World", *in* Ruxandra Ivan (Org.), *New Regionalism or No Regionalism?: Emerging Regionalism in the Black Sea Area* (Farnham, 2012), p. 13-30; Dirk Hoerder, "Migrations and Belongings: A Longue durée Perspective", in Emily S. Rosenberg (Org.), *A World Connecting, 1870-1945* (Cambridge, MA, 2012), p. 444-467; Julia Clancy-Smith, "From Sidi Bou Zid to Sidi Bou Said: A Longue Durée Approach to the Tunisian Revolutions", *in* Mark L. Haas e David W. Lesch (Orgs.), *The Arab Spring: Change and Resistance in the Middle East* (Boulder, CO, 2013), p. 13-34; Jörn Leonhard, "Introduction: The Longue Durée of Empire: Comparative Semantics of a Key Concept in Modern European History", *Contributions to the History of Concepts*, v. 8, p. 1-25, 2013.

Darfour", da guerra de guerrilha "da Antiguidade ao presente", da verdadeira "configuração" da história humana no curso dos últimos quinze mil anos e de uma série de outros grandes temas dirigidos a um vasto público de leitores.[204]

Na verdade, a grande narrativa está de volta por todo um espectro de novos e renascidos modos de escrever história. A maior de todas é a "Grande História", um relato do passado que remonta às próprias origens do universo.[205] De alcance mais modesto, posto que inclui apenas o passado humano, é a ainda assim vastíssima a "História Profunda", que abarca cerca de quarenta mil anos e rompe deliberadamente a fronteira firmemente estabelecida entre "História" e "Pré-História".[206] Ainda mais concentrada, mas, talvez, de ressonância mais imediata para as preocupações atuais é a história do Antropoceno, que é o período no qual os seres humanos têm sido um ator coletivo suficientemente poderoso para afetar o meio ambiente em escala planetária.[207] A escala temporal desses movimentos é, respectivamente,

---

[204] Ben Kiernan, *Blood and Soil: A World History of Genocide and Extermination from Sparta to Darfur* (New Haven, 2007); Diarmaid MacCulloch, *A History of Christianity: The First Three Thousand Years* (Londres, 2009); Ian Morris, *Why the West Rules – For Now: The Patterns of History, and What They Reveal About the Future* (Nova York, 2010); Max Boot, *Invisible Armies: An Epic History of Guerrilla Warfare from Ancient Times to the Present* (Nova York, 2012); Joyce E. Chaplin, Round About the Earth: Circumnavigation from Magellan to Orbit (Nova York, 2012); Lawrence Freedman, Strategy: A History (Oxford, 2013); Morris, The Measure of Civilization: How Social Development Decides the Fate of Nations (Princeton, 2013); David Nirenberg, Anti-Judaism: The Western Tradition (Nova York, 2013); Francisco Bethencourt, Racisms: From the Crusades to the Twentieth Century (Princeton, NJ, 2013).

[205] Cynthia Stokes Brown, *Big History: From the Big Bang to the Present* (Nova York, 2007); Fred Spier, Big History and the Future of Humanity (Chichester, 2010); David Christian, *Maps of Time: An Introduction to Big History, nova edição* (Berkeley, 2011). As questões tratadas em Harriet Swain (Org.), *Big Questions in History* (Londres, 2005), são "grandes" em sentido geral, não necessariamente porque cobrem amplas dimensões espaciais ou temporais.

[206] Andrew Shryock e Daniel Lord Smail (Orgs.), *Deep History: The Architecture of Past and Present* (Berkeley, 2011); Smail e Shryock, "History and the Pre", *American Historical Review*, v. 118, p. 709-737, 2013.

[207] Dipesh Chakrabarty, "The Climate of History: Four Theses", *Critical Inquiry*, v. 35, p. 197–222, 2009; Chakrabarty, "Postcolonial Studies and the Challenge of Climate Change", *New Literary History*, v. 43, p. 1-18, 2012; Fredrik Albritton

cosmológica, arqueológica e climatológica: representando todas elas uma nova expansão das perspectivas históricas e cada uma operando em horizontes mais longos – normalmente muito mais longos – que o de uma geração, de uma vida humana ou desses outros intervalos de tempo aproximadamente biológicos que constituíram o quadro de referência dos mais recentes escritos de história.

Nesse novo trabalho, os historiadores contemporâneos estão restaurando o manto densamente tecido de relatos que contribui para proteger uma cultura com uma sofisticada compreensão de seu passado. Um historiador contemporâneo instou recentemente a "retornar às macroquestões que configuraram nossa disciplina para recuperar suas ambições explicativas da estreiteza do olhar egocêntrico das micro-histórias e, nesse processo, restabelecer a compreensão da utilidade pública de nosso trabalho".[208] A história, com sua rica e concreta compreensão da experiência e das instituições humanas e com sua sensibilidade para a causalidade múltipla, está reingressando na arena das discussões sobre o longo prazo, na qual por muito tempo os únicos protagonistas foram os biólogos evolucionistas, os arqueólogos, os climatologistas e os economistas. Mas, no que se refere às mitologias, hoje necessitamos desesperadamente de um árbitro capaz de banir o preconceito, restabelecer o consenso sobre as reais fronteiras do possível e que, ao fazê-lo, abra um futuro e um destino mais amplos para as civilizações modernas. A História é a disciplina que pode ser esse árbitro.

Jonsson, "The Industrial Revolution in the Anthropocene", *The Journal of Modern History*, v. 84, p. 679-696, 2012; Alison Bashford, "The Anthropocene is Modern History: Reflections on Climate and Australian Deep Time", *Australian Historical Studies*, v. 44, p. 341-349, 2013.

[208] James Vernon, *Distant Strangers: How Britain Became Modern* (Berkeley, 2014), p. 132.

CAPÍTULO IV

Grandes questões, *big data*

Uma das razões que leva uma sociedade a se dar conta de que está passando por uma crise de pensamento de longo prazo é o problema da sobrecarga de informação. Esse fenômeno não é em si mesmo uma novidade. Com efeito, os humanistas europeus do Renascimento o haviam experimentado quando novas edições de textos clássicos, novas histórias e novas cronologias, assim como novas informações sobre a botânica e a fauna da Ásia e das Américas, ultrapassaram rapidamente a capacidade dos estudiosos para organizar a informação em teorias inclusivas ou em repertórios úteis. Na verdade, muitas de nossas ferramentas básicas de busca e recuperação – o índice, a enciclopédia e a bibliografia – tiveram origem na primeira época de sobrecarga de informação, quando as sociedades sentiam superada sua capacidade para sintetizar o passado e perscrutar o futuro.[209]

Vivemos hoje numa nova era de *"big data"*, da decodificação do genoma humano aos bilhões de palavras dos informes oficiais que as oficinas governamentais produzem anualmente. Nas ciências sociais e nas humanidades os *big data* vieram a ocupar o lugar da aspiração de sociólogos e historiadores em manter um papel relevante, à medida que nossos cálculos abrem novas possiblidades de resolver

---

[209] Ann Blair, "Reading Strategies for Coping with Information Overload ca. 1550-1700", *Journal of the History of Ideas*, v. 64, p. 11-28, 2003; Brian W. Ogilvie, "The Many Books of Nature: Renaissance Naturalists and Information Overload", *Journal of the History of Ideas*, v. 64, p. 29-40, 2003; Daniel Rosenberg, "Early Modern Information Overload", *Journal of the History of Ideas*, v. 64, p. 1-9, 2003; Ann Blair, *Too Much to Know: Managing Scholarly Information Before the Modern Age* (New Haven, 2010).

antigas questões e de levantar novas.[210] Os *big data* tendem a empurrar as ciências sociais em direção a problemas cada vez mais amplos, que na história são em grande medida os relativos a acontecimentos mundiais e ao desenvolvimento institucional, considerados no contexto de períodos de tempo sempre mais amplos. Os projetos de pesquisa sobre a longa história da mudança climática, das consequências do comércio de escravos, ou das variedades e destinos do direito de propriedade ocidental, utilizam as técnicas de computação, de tal modo que ao mesmo tempo abrem novas fronteiras na elaboração dos dados e tornam as questões históricas importantes para enfrentar as preocupações do presente.[211]

---

[210] Prabhakar Raghavan, "It's Time to Scale the Science in the Social Sciences", *Big Data and Society*, v. 1, 2014, DOI: 10.1177/2053951714532240.

[211] Ver, como exemplo, David Geggus, "Sex Ratio, Age and Ethnicity in the Atlantic Slave Trade: Data from French Shipping and Plantation Records", *The Journal of African History*, v. 30, p. 23-44, 1989; Thomas C. Peterson e Russell S. Vose, "An Overview of the Global Historical Climatology Network Temperature Database", *Bulletin of the American Meteorological Society*, v. 78, p. 2837-2849, 1997; Stephen C. Trombulak e Richard Wolfson, "Twentieth-Century Climate Change in New England and New York, USA", *Geophysical Research Letters*, v. 31, p. 1-4, 2004; Indra De Soysa e Eric Neumayer, "Resource Wealth and the Risk of Civil War Onset: Results from a New Dataset of Natural Resource Rents, 1970-1999", *Conflict Management and Peace Science*, v. 24, p. 201-218, 2007; David Eltis, "The US Transatlantic Slave Trade, 1644-1867: An Assessment", *Civil War History*, v. 54, p. 347-378, 2008; Nathan Nunn, "The Long-Term Effects of Africa's Slave Trades", *The Quarterly Journal of Economics*, v. 123, p. 139-176, 2008; Kenneth E. Kunkel *et al.*, "Trends in Twentieth-Century US Snowfall Using a Quality-Controlled Dataset", *Journal of Atmospheric and Oceanic Technology*, v. 26, p. 33-44, 2009; Nathan Nunn e Leonard Wantchekon, "The Slave Trade and the Origins of Mistrust in Africa", *National Bureau of Economic Research*, mar. 2009, disponível em: < http://www.nber.org/papers/w14783.pdf>, acesso em: 2 maio 2018; David Eltis e David Richardson, "The Trans-Atlantic Slave Trade Database Voyages: 'Introductory Maps'", *Map* (Emory University: Digital Library Research Initiative, 1 jan. 2010), disponível em: <https://saylor.longsight. com/handle/1/12201>; Lakshmi Iyer, "Direct versus Indirect Colonial Rule in India: Long-Term Consequences", *The Review of Economics and Statistics*, v. 92, p. 693-713, 2010; Adrian M. Lister, "Natural History Collections as Sources of Long-Term Datasets", *Trends in Ecology & Evolution*, v. 26, p. 153-154, 2011; Enric Tello e Marc Badía-Miró, "Land-Use Profiles of Agrarian Income and Land Ownership Inequality in the Province of Barcelona in Mid-Nineteenth Century", jan. 2011, disponível em: <http://repositori.uji.

No curso da última década, a emergência do campo das humanidades digitais colocou uma série de instrumentos ao alcance de qualquer um, especialista ou cidadão comum, que queira por si mesmo entender longos períodos históricos. O *software* para análises temáticas pode ler mecanicamente milhões de informações de informes governamentais ou científicos e recuperar fatos básicos relativos à maneira como nossos interesses e nossas ideias têm mudado no curso de décadas e de séculos. Muitas dessas ferramentas são capazes de reduzir de maneira convincente a uma pequena visualização todo um arquivo de dados que, do contrário, resultaria excessivamente volumoso para sua leitura. Em nossos dias, muitos analistas estão começando a se dar conta de que, a fim de manter a capacidade de persuadir, necessitam condensar *big data* de tal maneira que possam circular entre os leitores sob a forma de relatos concisos e de fácil exposição.

Se por séculos a humanidade traçou linhas do tempo, hoje reduzir o quadro panorâmico a uma simples visualização torna-se novamente possível graças a crescente disponibilidade de *big data*.[212] Isso por sua vez levanta prementes questões sobre o uso desses dados a longo ou a curto prazos. Há zonas de registro histórico nas quais essa decisão – a de considerar um contexto mais amplo ou não – comporta consequências fundamentais. A necessidade de demarcar questões cada vez mais amplas determina que dados utilizar e como manipulá-los, um desafio que grande parte do trabalho de *longue durée* deve ainda empreender. Os *big data* realçam nossa capacidade de captação de informação histórica e podem nos ajudar a decidir a hierarquia das causas – que acontecimentos representam momentos de inflexão no curso da história e quais fazem simplesmente parte de uma tendência mais geral.

es/xmlui/handle/10234/20513>, acesso em 2 maio 2018; Patrick Manning, "Historical Datasets on Africa and the African Atlantic", *Journal of Comparative Economics, Slavery, Colonialism and Institutions Around the World*, v. 40, p. 604-607, 2012; Colin F. Wilder, "Teaching Old Dogs New Tricks: Four Motifs of Legal Change from Early Modern Europe", *History and Theory*, v. 51, p. 18-41, 2012; G. S. J. Hawkins *et al.*, "Data Rescue and Re-Use: Recycling Old Information to Address New Policy Concerns", Marine Policy, v. 42, p. 91-98, 2012.

[212] Edward Tufte, *The Visual Display of Quantitative Information* (Cheshire, CT, 2001); Daniel Rosenberg e Anthony Grafton, *Cartographies of Time* (Nova York, 2010).

Novas ferramentas

Nesse segundo decênio do século XXI, a busca de palavras-chave com base digital começou a se afirmar em todo lugar como fundamento da investigação acadêmica. Na era dos bancos de conhecimento digitalizado, as ferramentas básicas para a análise da mudança social nos rodeiam por toda parte. O hábito de utilizar palavras-chave para estender a área de análise da mudança histórica em grandes escalas temporais fez sua aparição em revistas de ciência política e de linguística para analisar temas tão distintos como a reação pública ao milho geneticamente modificado no Gujarat, a recepção que os jornais britânicos deram à ciência da mudança climática, a representação dos camponeses chineses na imprensa ocidental, a persistência do antissemitismo na cultura britânica, a história das políticas de habitação pública e a sorte das tentativas da indústria britânica do carvão para se adaptar às regulamentações sobre poluição.[213] Em 2011 e 2013, um grupo de cientistas sociais tentou analisar a relação entre as publicações acadêmicas sobre o clima e a atitude da opinião pública, resultante da busca no banco de dados Web of Science, digitando simples frases como "aquecimento global" e "mudança climática global", classificando a seguir os artigos encontrados segundo o respaldo dado às diversas posições.[214] Em resumo, as novas tecnologias para analisar bancos de dados digitalizados

---

[213] Tomiko Yamaguchi e Craig K. Harris, "The Economic Hegemonization of Bt Cotton Discourse in India", *Discourse & Society*, v. 15, p. 467-491, 2004; Anabela Carvalho e Jacquelin Burgess, "Cultural Circuits of Climate Change in UK Broadsheet Newspapers, 1985-2003", *Risk Analysis*, v. 25, p. 1457-1469, 2005; Francis L. F. Lee, Chin-Chuan Lee e Nina Luzhou Li, "Chinese Peasants in the Process of Economic Reform: An Analysis of New York Times's and Washington Post's Opinion Discourses, 1981-2008", *Communication, Culture & Critique*, v. 4, p. 164-183, 2011; Alan Partington, "The Changing Discourses on Antisemitism in the UK Press from 1993 to 2009: A Modern-Diachronic Corpus-Assisted Discourse Study", *Journal of Language and Politics*, v. 11, p. 51-76, 2012; Bruno Turnheim e Frank W. Geels, "Regime Destabilisation as the Flipside of Energy Transitions: Lessons from the History of the British Coal Industry (1913-1997)", *Energy Policy, Special Section: Past and Prospective Energy Transitions — Insights from History*, v. 50, p. 35-49, 2012.

[214] John Cook *et al.* "Quantifying the Consensus on Anthropogenic Global Warming in the Scientific Literature", *Environmental Letters*, v. 8, 2013, DOI:10.1088/1748–9326/8/2/024024.

impulsionaram uma pluralidade de estudos que reuniam informação sobre discursos e comunidades sociais no curso do tempo, mas poucos desses estudos foram publicados nas mais importantes revistas de história.[215] Criou-se uma desconexão entre tecnologias que certamente permitem medir transformações agregadas de discursos ao longo de décadas e a capacidade, a vontade, e até mesmo a coragem dos que se ocupam de história para medir essas questões por si mesmas.

Para superar esta resistência, as novas ferramentas criadas pela pesquisa histórica de *longue durée*, especificamente concebidas para gerir a proliferação de dados governamentais de nossa época, tornaram-se uma necessidade ainda mais imperiosa. Temos aqui um exemplo, tomado da experiência de Jo Guldi, do modo pelo qual os desafios da investigação de novos corpos de dados para resolver questões específicas levaram à criação de uma nova ferramenta. No verão de 2012, Guldi dirigia uma equipe de pesquisadores que produziu o Paper Machines, um conjunto de ferramentas digitais idealizado para ajudar pesquisadores a analisar a enorme massa de papéis envolvida em qualquer investigação ampla e em escala internacional no hiperdocumentado século XX. Este *software* é uma extensão de fonte aberta do Zotero – um programa que permite aos usuários criar bibliografias e construir suas bibliotecas pessoais num banco de dados *online* –, desenhado tendo em mente a variedade das fontes textuais dos historiadores.[216] Sua finalidade é tornar acessível o arsenal de textos de última geração a estudiosos de uma variedade de disciplinas no campo das humanidades e das ciências sociais que carecem de conhecimentos técnicos ou dos imensos recursos computacionais.

---

[215] Brad Pasanek e D. Sculley, "Mining Millions of Metaphors", *Literary and Linguistic Computing*, v. 23, p. 345-360, 2008; D. Sculley e Bradley M. Pasanek, "Meaning and Mining: The Impact of Implicit Assumptions in Data Mining for the Humanities", *Literary and Linguistic Computing*, v. 23, p. 409-424, 2008; Frederick W. Gibbs e Daniel J. Cohen, "A Conversation with Data: Prospecting Victorian Words and Ideas", *Victorian Studies*, v. 54, p. 69-77, 2011; Joanna Guldi, "The History of Walking and the Digital Turn: Stride and Lounge in London, 1808-1851", *The Journal of Modern History*, v. 84, p. 116-144, 2012; Matthew Lee Jockers, *Macroanalysis: Digital Methods and Literary History* (Urbana, 2013); Ted Underwood, "We Don't Already Understand the Broad Outlines of Literary History", *The Stone and the Shell*, v. 8, 2013, disponível em: <http://tedunderwood.com/2013/02/08/we-dont-already-know-the-broad-outlines-of-literary-history/>, acesso em: 2 maio 2018.

[216] <http://papermachines.org/>; <www.zotero.org/>.

Enquanto ferramentas como o Google Books Ngram Viewer utilizam elementos programados do Google Books Search, que enfatizam automaticamente a tradição anglo-norte-americana, o Paper Machines opera com recopilações de textos configurados autonomamente pelos pesquisadores individuais, quer extraídos de fontes digitais como diários e conversações por internet em tempo real, quer escaneados e guardados mediante o reconhecimento ótico de caracteres (OCR) de fontes de papel, como arquivos governamentais. Isto pode permitir a uma classe de estudantes, a um grupo de estudiosos, ou a um conjunto de estudiosos e ativistas, reunir e compartilhar arquivos de textos. Essas bibliotecas grupais podem ser públicas ou privadas dependendo da sensibilidade e das restrições de *copyright* do material reunido: historiadores do Panamá utilizaram uma biblioteca grupal Zotero, para reunir e compartilhar textos de bibliotecas governamentais, sem instrumentos de busca oficiais disponíveis. Assim, os próprios estudiosos se engajam na preservação, anotação e disponibilização de recursos históricos que de outra maneira correriam o risco de ser negligenciados, deteriorados ou mesmo intencionalmente danificados.

Com o Paper Machines os estudiosos podem criar representações visuais de uma multidão de padrões no interior de uma coleção de textos utilizando uma interface simples e de uso fácil. A ferramenta pode ser utilizada para sintetizar um amplo acervo cultural – por exemplo, coisas que os historiadores disseram em uma determinada revista no curso dos últimos dez anos. Ou utilizada para visualizar bibliotecas de maneira comparativa, por exemplo, romances sobre Londres do século XIX e sobre Paris no mesmo período. Com o uso dessa ferramenta é possível, mediante uma simples interface gráfica, tornar visíveis uma multidão de padrões textuais. A aplicação do Paper Machines a coleções de textos permite aos estudiosos acumular hipóteses sobre padrões de *longue durée* que influenciaram ideias, indivíduos e categorias profissionais.

Com a medição comparativa de tendências, ideias e instituições no curso do tempo, os estudiosos estarão em condições de aceder a uma coleção de textos muito mais extenso que o habitual. Por exemplo, a aplicação do Paper Machines a um corpo textual pessoalmente selecionado entre um grande número de textos burocráticos do século XX sobre reforma agrária em perspectiva global tornou possível rastrear as discussões a respeito ocorridas no curso da história britânica, a começar de sua origem em relatos locais, passando às pesquisas de micro-história nos arquivos do país e chegando a uma síntese de *longue durée* das tendências políticas em escala mundial. Esta pesquisa, possibilitada pela tecnologia digital, opera mediante um processo tríplice: a síntese digital de amplos períodos temporais, a investigação crítica nos arquivos de micro-história, discernindo por informação digitalizada os arquivos a serem escolhidos e, finalmente, uma leitura mais geral da literatura secundária dos campos adjacentes. No Graf. 4, por exemplo, o algoritmo MALLET de análise temática foi aplicado a uma coleção de textos acadêmicos sobre direito agrário. A imagem daí resultante é uma linha do tempo computadorizada da proeminência relativa de ideias – algumas mencionando a Irlanda e algumas mencionando a Índia – que pode a seguir ser modificada e aperfeiçoada. Essa visualização de conceitos mudando no curso do tempo induziu Jo Guldi a prestar mais atenção, no interior de seu *corpus*, às obras dos anos 1950 e 1960, quando a memória cultural das lutas pela terra na Irlanda contribuiu a orientar a política contemporânea na América Latina.

Gráfico 4 - Relativa predominância de menções a Índia, Irlanda e outros temas em relação recíproca, 1880-1980

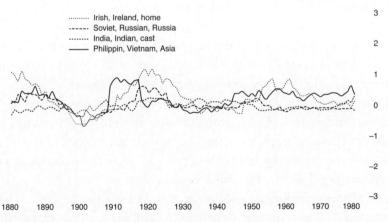

Fonte: Paper Machines, emprego de MALLET, software de análise temático de David Mimno.

Essa pesquisa de base digital proporciona o fundamento do volume *The Long Land War*, de Guldi, uma monografia histórica que narra o progresso global dos movimentos pela reforma agrária, rastreando as ideias sobre pequenos lotes de terra para trabalhadores e segurança alimentar, sobre governança participativa e controle dos aluguéis do apogeu do império britânico a hoje.[217] O Paper Machines sintetizou a natureza de debates particulares e suas referências geográficas, produzindo, por exemplo, linhas de tempo e mapas espaciais de temas e toponímicos associados ao controle dos aluguéis, à reforma agrária e à concessão de lotes de jardins. Também indicou os arquivos a serem escolhidos e as partes desses arquivos a serem enfocadas. O Paper Machines foi desenhado como ferramenta para hackear as burocracias, estabelecer um quadro de seu funcionamento e fornecer um contexto imediato para os documentos do arquivo. O usuário do Paper Machines pode se dar ao luxo de observar os agentes de campo, os chefes departamentais e os diretores-gerais dos escritórios da ONU, assim como observar a contribuição da faculdade da Universidade de Wisconsin e da Universidade de Sussex, oferecendo assessoria tanto a burocratas como a gerações de estudantes. A ferramenta nos permite medir de forma instantânea cada um desses órgãos, identificando suas convergências e divergências. Todo o seu *staff* falava a língua comum da teoria da modernização: dos governos nacionais, da reforma democrática, de programas governamentais de assessoria, formação e gestão, de fornecimento de um equipamento novo para gerar um aumento da produção que é quantitativamente verificável.

A pesquisa tradicional, vinculada à amplitude do arquivo não digitalizado e do tempo necessário para consultá-lo, torna-se facilmente atrelada a histórias de instituições e de poderosos como, por exemplo, aconteceu quando alguns historiadores descreveram tendências universais em curso no império norte-americano, que tinham tido origem nos investimentos das fundações Ford e Rockefeller na produção de pesticidas. Ao identificar temas contrapostos no curso do tempo, o Paper Machines permite ao leitor reconhecer e seguir momentos particulares de dissenso, cismas e perspectivas utópicas – concentrando-se, por exemplo, nos conflitos entre a indústria de pesticidas e o movimento

---

[217] Jo Guldi, *The Long Land War: A Global History of Land Reform*, c. 1860– Present (prelo).

da *Appropriate Technology*, ou entre o Banco Mundial e o movimento da Teologia da Libertação sobre práticas de exploração. A leitura digitalmente estruturada significa dar mais tempo às perspectivas contrafactuais e às vozes que foram reprimidas, o que recoloca o arquivo no sentido das intenções da história vista a partir de baixo.

Outras ferramentas similares podem oferecer métricas para a compreensão de mudanças a longo prazo na história da mais banal à mais profunda. O Google Ngrams oferece um guia aproximado para avaliar a ascensão e o declínio de determinadas ideias.[218] Críticos literários como Franco Moretti e historiadores como Bem Schmidt têm sido colaboradores cruciais no desenho de ferramentas de visualização numa perspectiva temporal, o primeiro colaborando com a IBM para produzir o software ManyEyes para a "leitura a distância" de amplos corpos textuais; o segundo trabalhando junto com biólogos geneticistas na codificação do software do Google Ngram para assegurar a elaboração de linhas de tempo confiáveis referidas à prevalência nos textos de determinadas palavras no curso do tempo.[219]

Ferramentas desse tipo são próprias para ser utilizadas por estudiosos que procuram medir mudanças agregadas num arco de

---

[218] O trabalho de Daniel Rosenberg, sobre o *corpus* do Google Books, sugere que as variações relevadas por Ngrams dependem muito das características do corpus selecionado justamente pelo Google Books. Não obstante, Ngrams permanece útil para efetuar confrontos transcontinentais, comparando o aumento da ocorrência de palavras como "holocausto" e "shoah" em várias línguas: inglês, alemão, francês, russo e hebraico. Mas em forma agregada, suplementados por outras formas de narração histórica, os instrumentos para a extração e a síntese de temas podem oferecer indicações úteis também para o estudo dos acontecimentos e das lutas fundamentais que levaram ao nascimento do mundo moderno. Ver Geoffrey Nunberg, "Counting on Google Books", *Chronicle of Higher Education*, 16 dez. 2010, disponível em: <http://chronicle.com/article/Counting-on-Google-Books/125735>, acesso em: 2 maio 2018; Anthony Grafton, "Loneliness and Freedom", *AHA Perspectives on History*, mar. 2011, disponível em: <www.historians.org/Perspectives/issues/2011/1103/1103pre1.cfm>, acesso em: 2 maio 2018; Erez Aiden e Jean-Baptiste Michel, *Uncharted: Big Data as a Lens on Human Culture* (Nova York, 2013); Daniel Rosenberg, "Data Before the Fact", in Lisa Gitelman (Org.), *"Raw Data" Is an Oxymoron* (Cambridge, MA, 2013), p. 15-40.

[219] Franco Moretti, Graphs, *Maps, Trees: Abstract Models for a Literary History* (Nova York, 2007); Ben Schmidt, *Sapping Attention*, disponível em: <http://sappingattention.blogspot.com/>, acesso em: 2 maio 2018.

décadas e de séculos. O advento nos últimos dez anos de projetos de digitalização em massa nas bibliotecas e a produção coletiva *online* de histórias orais por não especialistas abriram uma era na qual será fácil aceder a um enorme volume de material de arquivo. Conjuntamente com o uso de ferramentas para sintetizar conhecimento, esses corpos digitais convidam os estudiosos a por à prova hipóteses históricas em escalas temporais seculares.[220] A natureza das ferramentas disponíveis e a abundância de textos permitem superar a dificuldade de elaborar uma história que seja ao mesmo tempo de longa duração e baseada em documentos de arquivo, pelo menos para o latim pós-clássico – um *corpus* "que sem dúvida abraça um arco histórico mais amplo do que qualquer outra coleção hodierna" – e para as fontes escritas nas principais línguas europeias criadas a partir do Renascimento.[221]

Ferramentas para comparar informações quantitativas puseram em discussão as narrativas convencionais da modernidade. Para Michel Friendly, a visualização de dados tornou possível a revisão de velhas teorias de economia política com o melhor dos dados atuais sobre a experiência do passado, por exemplo, com o emprego de dados atualizados para recriar a famosa série temporal gráfica de William Playfair que mostrava a relação entre o preço do trigo e os salários na época das guerras napoleônicas. Friendly propôs aos historiadores que se empenhassem em acumular o maior número possível de elementos para mensurar aspectos como felicidade, alimentação, população e governança, e se tornassem peritos na produção de modelos comparativos de variáveis múltiplas no curso do tempo.[222] Essas habilidades

---

[220] <http://books.google.com/ngrams>; <www.wordle.net/>; <http://paperma-chines.org/>, acesso em: 2 maio 2018.

[221] Sobre os bilhões de palavras latinas pós-clássicas, agora disponíveis para análise digital, ver David Bamman e David Smith, "Extracting Two Thousand Years of Latin from a Million Book Library", *Journal on Computing and Cultural Heritage*, v. 5, p. 1-13, 2012.

[222] Michael Friendly, "A.-M. Guerry's 'Moral Statistics of France': Challenges for Multivariable Spatial Analysis", *Statistical Science*, v. 22, p. 368-399, 2007; Friendly, "A Brief History of Data Visualization", *in* Chunhouh Chen, Wolfgang Härdle e Antony Unwin, *Handbook of Data Visualization* (Berlin, 2008), p. 15-56; Friendly, Matthew Sigal e Derek Harnanansingh, "The Milestones Project: A Database for the History of Data Visualization", 2012, disponível em: <https://www.matthewsigal.com/publication/friendly2015a.html>, acesso em: 2 maio 2018.

também fariam da história um árbitro nas principais discussões sobre o Antropoceno, a experiência humana e as instituições.

No campo do direito e de outras formas de história institucional, onde a importância dos precedentes confere às respostas de *longue durée* um poder peculiar, mais cedo ou mais tarde esse tipo de trabalho será incrementado. As novas ferramentas, que expandem a capacidade do historiador individual para sintetizar volumes tão grandes de informação, abrem a porta a impulsos morais, já existentes por toda parte na disciplina da história, e que induzem a examinar o horizonte das possíveis perspectivas concernentes à governança no curso da *longue durée*. Estudiosos trabalhando com a história do direito europeu deram-se conta de que com as metodologias digitais torna-se possível responder a perguntas de escalas temporais mais longas; por exemplo, o Old Bailey Online, que cobre casos judiciais ingleses do período entre 1763 e 1914 – a maior coleção de fontes secundárias agora disponíveis no mundo de fala inglesa; ou o projeto denominado "Republic of Literature", de Colin Wilder, que, mediante a digitalização de textos jurídicos do início da Idade Moderna e coligando as informações daí resultantes a um gigantesco mapa de redes sociais de professores e estudantes de direito, propõe-se mostrar como se deu a transformação do direito na Alemanha da primeira modernidade, onde pela primeira vez emergiram muitas das nossas ideias sobre esfera pública, propriedade privada e mutualidade.[223] Projetos dessa espécie oferecem um forte impulso à formulação de vários tipos de pesquisa envolvendo disciplinas diversas, estendendo-se no tempo e no espaço, e permitindo assim agregar as informações numa escala até agora inédita; podendo contribuir a transformar nossa compreensão da história das leis e da sociedade.

Na nova era da análise digital, a palavra de ordem de um projeto financiável deve ser *extensibilidade*, isto é, sua capacidade para responder às seguintes perguntas: irá, esse banco de dados, operar com outras formas de infraestrutura? Irão esses textos nos ajudar a contar a longa história, a grande história, a preencher as lacunas deixadas pelo

---

[223] Tim Hitchcock e Robert Shoemaker, "Digitising History from Below: The Old Bailey Proceedings Online, 1674-1834", *History Compass*, v. 4, p. 1-10, 2006, ver: <www.oldbaileyonline.org/>; <https://sites.google.com/site/colinwilder/>.

Google Books? Ou trata-se de uma mera exibição, que somente pode ser apreciada pelo estudioso absorto numa reflexão sobre uma ou duas décadas? Terão os estudantes que brigar para ter o texto num formato que as ferramentas de análise digital sejam capazes de compreender?

Com frequência, os que adotam a perspectiva de longo prazo evitam o emprego de ferramentas digitais para analisar o grande quadro histórico. Era de se esperar que os novos partidários da *longue durée* se dedicassem a analisar com rigor os dados de uma variedade de disciplinas, na medida em que suas narrativas sintetizam e entretecem relatos tomados de distintos contextos. Mas eles frequentemente têm evitado os *big data*; preferem em geral construir relatos sintéticos tradicionais a partir de fontes secundárias. Diante de semelhante discrepância entre objetivos e recursos, podem surgir também oportunidades para realizar um trabalho mais ambicioso em maior escala. Alguns ouviram a chamada para voltar ao grande quadro histórico e alguns reagiram favoravelmente às promessas dos instrumentos digitais. Mas poucos fizeram as duas coisas conjuntamente, aplicando ferramentas, concebidas para analisar grandes tesouros de recursos, ao estudo de questões relativas ao nosso passado e ao nosso futuro numa perspectiva de longa duração.

O advento dos *big data*

Nas seis décadas transcorridas desde a Segunda Guerra Mundial, as ciências naturais e as ciências humanas foram acumulando imensos tesouros de dados quantificáveis que raramente são postos em confronto. O incremento do debate público tem impulsionado a disponibilização de um número cada vez maior de dados temporalmente definidos, que governos, climatologistas e outras instâncias tornaram acessíveis em formatos intercambiáveis. O mundo tem necessidade de autoridades capazes de falar racionalmente dos dados nos quais estamos todos imersos, seu uso, abuso, análise e síntese. Esses dados foram se acumulando no curso de décadas de pesquisa fundamentando novas teses, por exemplo, o consenso acadêmico sobre a mudança climática. A partir das primeiras análises das calotas de gelo na década de 1960, foram se acumulando de modo permanente *big data* das mais variadas origens; modelos de base informática converteram os dados reunidos no âmbito da meteorologia em possíveis propostas sobre como nossa atmosfera foi sendo modificada em relação com a poluição.[224]

Nas revistas de história, o impacto dessas bases de dados tem sido relativamente pequeno, mas nos campos vizinhos, os climatologistas e os físicos da atmosfera têm tabulado bancos de dados globais para o século XX, que são um retrato do aumento das secas e das inundações em todo o planeta no curso do século.[225] Há estudos específicos que mostram como fazendas e fazendeiros, suíços, holandeses ou da costa atlântica dos Estados Unidos, responderam no curso dos séculos à extinção dos pântanos, ao aparecimento de inundações e às mudanças nas colheitas do milho e outros grãos pela influência do aumento da temperatura.[226] Foram elaborados também bancos de dados que estabelecem uma correlação entre uma variação de fenômenos culturais e sociais ocorridos na história e momentos de transformações climáticas em nível global.[227] Um artigo da revista *Environmental Innovation and Societal Transitions* compara a complexidade social, a produção alimentar e o tempo ocioso ao longo dos últimos 12.000 anos, com a perspectiva da futura inovação tecnológica, recolhendo informação inclusive desde a queda de Roma. A mudança climática foi apresentada como uma evidência dos ciclos seculares de guerra e

---

[224] Central Intelligence Agency, *Potential Implications of Trends in World Population, Food Production and Climate*, Report n. OPR-401 (Washington, DC, 1974); Crispin Tickell, *Climate Change and World Affairs* (Cambridge, MA, 1977), p. 64; Jill Williams (Org.), *Carbon Dioxide, Climate and Society* (Oxford, 1978); Council of Environmental Quality, *Global Energy Futures and the Carbon Dioxide Problem* (Washington, DC, 1981); Sheila Jasanoff, "Image and Imagination: The Formation of Global Environmental Consciousness", *in* Clark Miller e Paul N. Edwards (Orgs.), *Changing the Atmosphere* (Cambridge, MA, 2001), p. 309-337; Paul N. Edwards, *A Vast Machine: Computer Models, Climate Data, and the Politics of Global Warming* (Cambridge, MA, 2010); Mike Hulme, "Reducing the Future to Climate: A Story of Climate Determinism and Reductionism", *Osiris*, v. 26, p. 245-266, 2011.

[225] G. van der Schrier et al., "A scPDSI-Based Global Data Set of Dry and Wet Spells for 1901-2009", *Journal of Geophysical Research: Atmospheres*, v. 118, p. 4025-4048, 2013.

[226] Benjamin S. Felzer, "Carbon, Nitrogen, and Water Response to Climate and Land Use Changes in Pennsylvania During the 20th and 21st Centuries", *Ecological Modelling*, v. 240, p. 49-63, 2012.

[227] C. J. Caseldine e C. Turney, "The Bigger Picture: Towards Integrating Palaeoclimate and Environmental Data with a History of Societal Change", *Journal of Quaternary Science*, v. 25, p. 88-93, 2010.

paz na China durante milênios, da "crise geral" do século XVII, e da causa originária da guerra civil em Darfour.[228] Como uma consequência da acumulação de dados sobre nosso passado atmosférico profundo, o passado do meio ambiente parece hoje provocativamente humano em seu aspecto exterior.

Uma vez que se começa a olhar, por toda parte aparecem dados históricos ainda não explorados. Escritórios governamentais reúnem estimativas sobre energia, clima e economia para longos períodos. Nos Estados Unidos, a Energy Information Administration publica mensalmente a *Energy Review* desde 1949. Essas tabelas de consumo de energia têm sido analisadas por climatologistas, mas com frequência muito menor por historiadores. Dados oficiais sobre população, balança de pagamentos, dívida externa, taxas de juros e de câmbio, emissão de moeda e emprego, são coletados de governos de todo o mundo e disponibilizados pelos estudiosos de organismos internacionais públicos como UNdata e Euromonitor International, além de base de dados privadas, como a IHS Global Insight. O FMI elaborou estatísticas financeiras relativas a todos os governos do mundo a partir de 1972.[229] Esses dados governamentais sobre amplos períodos de tempo foram analisados por sociólogos, climatologistas e economistas.[230] Tradicionalmente, os

---

[228] Joseph A. Tainter, "Energy, Complexity, and Sustainability: A Historical Perspective", *Environmental Innovation and Societal Transitions*, v. 1, p. 89-95, 2011; Geoffrey Parker, *Global Crisis: War, Climate Change and Catastrophe in the Seventeenth Century* (New Haven, 2013); Harry Verhoeven, "Climate Change, Conflict and Development in Sudan: Global Neo-Malthusian Narratives and Local Power Struggles", *Development and Change*, v. 42, p. 679-707, 2011.

[229] <www.eia.gov/totalenergy/data/annual/>; <http://data.un.org/>; <www.euromonitor.com>; <www.imf.org/external/pubs/cat/longres.cfm?sk1/418674.0>.

[230] Robert C. Allen *et al.*, "Preliminary Global Price Comparisons,1500-1870", *paper* apresentado no XIII Congresso da Associação Internacional de História Econômica, Buenos Aires (jul. 22-26), 2002, disponível em: <www.iisg.nl/hpw/papers/lindert.pdf>, acesso em: 3 maio 2018; Livio Di Matteo, "The Effect of Religious Denomination on Wealth: Who Were the Truly Blessed?", *Social Science History*, v. 31, p. 299-341, 2007; Kunkel *et al.*, "Trends in Twentieth-Century US Snowfall", p. 33-44; W. Bradford Wilcox *et al.*, "No Money, No Honey, No Church: The Deinstitutionalization of Religious Life Among the White Working Class", *Research in the Sociology of Work*, v. 23, p. 227-250, 2012; Tobias Preis *et al.*, "Quantifying the Behavior of Stock Correlations Under Market Stress", Scientific Reports, v. 2, 2012; Carles Boix, Michael Miller e Sebastian Rosato, "A Complete Data Set of

historiadores tiraram menos proveito desses fluxos de dados, mas isso talvez esteja mudando. À medida que os historiadores passam a levar em consideração escalas temporais mais amplas, os dados quantitativos coletados por governos no curso de séculos começam a oferecer medições importantes para mostrar como as experiências das comunidades e as oportunidades podem mudar de uma geração a outra.

Em nossos dias há uma superabundância de dados quantitativos disponíveis, material com o qual era muito difícil ou completamente impossível contar na década de 1970, quando a história experimentou, por fim, uma virada quantitativa. Atualmente, o historiador pode trabalhar com mapas que superpõem décadas, quando não séculos, de rotas de comércio internacional, crescimento da população, ingressos médios, precipitações pluviais e condições meteorológicas.[231] Pode folhear um atlas do comércio internacional de escravos baseado num dos grandes projetos digitais sobre *longue durée*, o *Trans-Atlantic Slave Trade Database*, que acumula informação sobre cerca de 35.000 viagens realizadas entre os séculos XVI e XIX para transportar mais de 12 milhões de pessoas escravizadas.[232] Utilizando o Google Earth, pode separar transparências realizadas a partir de mapas dos séculos XVI ao XIX que mostram o crescimento de Londres. Para qualquer estudo, grande ou pequeno, os dados que constituem a base de nosso trabalho são hoje abundantes.

Political Regimes, 1800-2007", *Comparative Political Studies*, v. 46, p. 1523-1554, 2013; Peter H. Lindert e Jeffrey G. Williamson, "American Incomes Before and After the Revolution", *The Journal of Economic History*, v. 73, p. 725-765, 2013.

[231] Allen *et al.*, "Preliminary Global Price Comparisons, 1500-1870"; Konstantinos M. Andreadis *et al.*, "Twentieth-Century Drought in the Conterminous United States", *Journal of Hydrometeorology*, v. 6, p. 985-1001, 2005; Kees Klein Goldewijk, 'Three Centuries of Global Population Growth: A Spatial Referenced Population (Density) Database for 1700-2000", *Population and Environment*, v. 26, p. 343-367, 2005; Kyle F. Davis *et al.*, "Global Spatio-Temporal Patterns in Human Migration: A Complex Network Perspective", PLoS ONE, v. 8, 2013, disponível em: <http://journals.plos.org/plosone/article?id=10.1371/journal.pone.0053723>, acesso em: 3 maio 2018; Manning, "Historical Datasets on Africa and the African Atlantic", p. 604-607; Zeev Maoz e Errol A. Henderson, "The World Religion Dataset, 1945-2010: Logic, Estimates, and Trends", *International Interactions*, v. 39, p. 265-291, 2013.

[232] David Eltis e David Richardson, *Atlas of the Transatlantic Slave Trade* (New Haven, 2010): <www.slavevoyages.org/tast/index.faces>.

Muito pouco da quantidade de dados que foram acumulados nesse tempo foi até agora interpretada. A idade da informação – assim designada pela primeira vez em 1962 e definida como a era na qual os governos passaram a monitorar com regularidade suas populações e suas condições ambientais, coletando dados sobre erosão do solo, clima, população e emprego – resultou, no século XXI, na acumulação de dados de grande profundidade histórica.[233] Coletados com suficiente frequência no curso do tempo, esses grandes dados permitem delinear as formas da mudança histórica, dos variáveis contextos de consequências, que em sua inteireza os observadores encerrados em suas disciplinas específicas raramente consideram de forma conjunta. Esses dados quantitativos passaram a ser superabundantes, oferecendo vastos horizontes para uma nova escola de análise quantitativa. Contudo, muitos desses dados somente têm sido avaliados em relação com o presente, de acordo com breves escalas temporais de achados econômicos sobre tendências recentes.

Os primeiros sinais de uma revolução no uso de dados macroscópicos para observar o grande quadro começam a se mostrar no horizonte de alguns centros de pesquisa universitários pelo mundo, nas quais o interesse pelos dados oficiais dos governos impulsionou um renascimento da cliometria, ou seja, o estudo da história (cuja musa é justamente Clio) por meio da análise de aspectos que podem ser mensurados quantitativamente – riqueza, bens, serviços tributados e registrados, e população. Essa escola entrou em voga na década de 1970, quando historiadores de economia como Robert Fogel e Stanley Engerman compararam a pobre alimentação dos trabalhadores fabris do norte dos Estados Unidos com a dos escravos do sul do país, utilizando essas cifras para sustentar que, em termos de consumo alimentar, o capitalismo era na realidade *pior que a escravidão* para as vítimas das respectivas sociedades. Havia muito a ser dito sobre as cifras de Fogel e Engerman, e sobre o sentido em que se podia considerar a escravidão "melhor" ou "mais racional" que o mercado, e talvez devido a essa imprecisão do argumento, a

---

[233] Blair, *Too Much to Know*, p. 2, dando o crédito da invenção da expressão "*information age*" a Fritz Machlup, *The Production and Distribution of Knowledge in the United States* (Princeton, NJ, 1962).

cliometria desapareceu pouco depois.[234] A micro-história que saiu vitoriosa desses debates foi, como vimos e não por outra razão, excessivamente escrupulosa ao considerar as experiências individuais como um guia para a interpretação quer do escravismo quer do capitalismo. Proscrita por seus defeitos, a cliometria não tem, até hoje, entrado na formação da maioria dos estudantes de história ou de economia. Mas numa nova época de *big data*, a evidência disponível é mais rica e reúne informação de maior quantidade de instituições do que antes.

O número de fatores quantificáveis como guia para fazer história é na atualidade outra vez abundante, e muito mais sensível do que nunca em matéria de questões de classe, raça, identidade e autoridade. Seguindo no caminho de uma virada quantitativa mais antiga, historiadores que se baseiam em dados, como Christopher Dyer, retornaram ao emprego de registros de arquivos públicos testamentários da Inglaterra tardo-medieval para demonstrar a existência de um *ethos* de zelo para com os pobres e o bem comum.[235] Por sua vez, o historiador Thomas Maloney recorreu aos esquecidos tesouros de dados governamentais para estudar o impacto do racismo sobre os homens desempregados durante a Grande Depressão. Complementando registros oficiais sobre o sistema de recrutamento militar com registros sobre desemprego, ele conseguiu medir tendências em Cincinnati durante duas décadas e saber que os homens dos bairros segregados viviam melhor do que os que se encontravam no limiar da integração.[236] Questões desse tipo iluminam o modo pelo qual uma nova

---

[234] Robert William Fogel e Stanley L. Engerman, "The Relative Efficiency of Slavery: A Comparison of Northern and Southern Agriculture in 1860", *Explorations in Economic History*, v. 8, p. 353-367, 1971; Fogel e Engerman, *Time on the Cross: The Economics of American Negro Slavery* (Boston, 1974); Fogel, "The Limits of Quantitative Methods in History", *The American Historical Review*, v. 80, p. 329-350, 1975; Herbert G. Gutman, *Slavery and the Numbers Game: A Critique of Time on the Cross* (Urbana, 1975); Samuel P. Hays, "Scientific versus Traditional History: The Limitations of the Current Debate", *Historical Methods: A Journal of Quantitative and Interdisciplinary History*, v. 17, p. 75-78, 1984; Fogel, *The Slavery Debates, 1952-1990: A Retrospective* (Baton Rouge, LA, 2003).

[235] Christopher Dyer, "Poverty and Its Relief in Late Medieval England", *Past & Present*, v. 216, p. 41-78, 2012. De outras investigações com documentos testamentários, emergiu qual era a confissão religiosa preferida dos ricos no século XIX.

[236] Thomas N. Maloney, "Migration and Economic Opportunity in the 1910s: New Evidence on African-American Occupational Mobility in the North", *Explorations in Economic History*, v. 38, p. 147-165, 2001; Maloney, "Ghettos and Jobs in History:

virada quantitativa agrega sutilezas de experiência e pertencimento racial, num quadro teórico derivado de uma retomada da micro-história coligada à disponibilidade de bancos de dados de longo prazo.

Fora dos departamentos de história, contudo, abrigam-se ambições em escala muito maior em relação a esses bancos de dados. Desde a década de 1970, *think-tanks* sem fins lucrativos, como Freedom House, The International Research and Exchanges Board (IREX), e Rand Corporation, têm subsidiado os esforços de cientistas políticos para reunir bancos de dados capazes de rastrear situações características como "paz" e "conflito", "democracia" e "autoritarismo", ou "liberdade de imprensa" e "direitos humanos" em todas as nações do mundo.[237] Desde fins da década de 1990, alguns desses bancos de dados incorporaram informação temporal, recopilação de sucessão de acontecimentos relacionados com a expansão de direitos, que vão de 1800 ao presente.[238] Enquanto alguns desses bancos de dados são de caráter pessoal ou privado, há outros que podem ser compartilhados, e o próprio fato de serem assim gerou inovação no modo de compreender essas variáveis. Os *big data* também podem permitir uma melhor compreensão histórica da natureza da desigualdade. Os historiadores econômicos e os sociólogos já estão localizando a desigualdade no curso dos séculos e nas nações, buscando modelos de pertencimento, e estudos preliminares

Neighborhood Effects on African American Occupational Status and Mobility in World War I- Era Cincinnati", *Social Science History*, v. 29, p. 241-267, 2005.

[237] J. Foweraker e R. Krznaric, "How to Construct a Database of Liberal Democratic Performance", *Democratization*, v. 8, p. 1-25, 2001; Scott Gates *et al.*, "Institutional Inconsistency and Political Instability: Polity Duration, 1800-2000", *American Journal of Political Science*, v. 50, p. 893-908, 2006; Lee B. Becker, Tudor Vlad e Nancy Nusser, "An Evaluation of Press Freedom Indicators", *International Communication Gazette*, v. 69, p. 5-28, 2007.

[238] Sara McLaughlin et al., "Timing the Changes in Political Structures: A New Polity Database", *The Journal of Conflict Resolution*, v. 42, p. 231-242, 1998; Tatu Vanhanen, "A New Dataset for Measuring Democracy, 1810-1998", *Journal of Peace Research*, v. 37, p. 251-265, 2000; Nils Petter Gleditsch *et al.*, "Armed Conflict 1946-2001: A New Dataset", Journal of Peace Research, v. 39, p. 615-637, 2002; Andreas Wimmer e Brian Min, "The Location and Purpose of Wars Around the World: A New Global Dataset, 1816-2001", *International Interactions*, v. 35, p. 390-417, 2009; Michael A. Elliott, "The Institutional Expansion of Human Rights, 1863-2003: A Comprehensive Dataset of International Instruments", *Journal of Peace Research*, v. 48, p. 537-546, 2011.

já demonstraram a grande variedade de experiências de homens e mulheres, de negros e brancos, de migrantes e populações estabelecidas, também consideradas em grandes escalas temporais.[239]

Uma tal riqueza de dados de longo prazo levanta importantes questões metodológicas relativas à preparação que um estudioso deveria ter para compreender um momento particular no tempo. Quando confrontado com histórias meteorológicas, do comércio, da produção agrícola, do consumo de alimentos e outras realidades materiais, o meio ambiente se entrelaça com as condições humanas. Sobrepondo aspectos diversos da realidade, obtém-se surpreendentes indicadores de como o mundo passou por mudanças; por exemplo, comprovou-se que a concentração de aerossóis detectada desde meados do século XX em certas regiões da Índia afetou o padrão das monções na última parte desse século.[240] Mapas que sobrepõem perturbações ambientais e acontecimentos humanos já revelam como os seres humanos estão respondendo ao aquecimento global e à elevação do nível dos mares. Em certas áreas dos Países Baixos, a elevação das águas começou a

---

[239] Jeffrey G. Williamson, *Winners and Losers over Two Centuries of Globalization* (National Bureau of Economic Research, 2002), disponível em: <www.nber.org. revproxy.brown.edu/papers/w9161>, acesso em: 3 maio 2018; Peter H. Lindert e Jeffrey G. Williamson, "Does Globalization Make the World More Unequal?", *in Globalization in Historical Perspective* (University of Chicago Press, 2003), p. 227-276, disponível em: <www.nber.org.revproxy.brown.edu/chapters/c9590.pdf>, acesso em: 3 maio 2018; David R. Green *et al.*, *Men, Women, and Money: Perspectives on Gender, Wealth, and Investment 1850-1930* (Oxford, 2011); Emily R. Merchant, Brian Gratton e Myron P. Gutmann, "A Sudden Transition: Household Changes for Middle Aged US Women in the Twentieth Century", *Population Research and Policy Review*, v. 31, p. 703-726, 2012; Peter H. Lindert e Jeffrey G. Williamson, *American Incomes 1774-1860* (National Bureau of Economic Research, 2012), disponível em: <www.nber.org.revproxy.brown.edu/papers/w18396>, acesso em: 3 maio 2018; John Parman, "Good Schools Make Good Neighbors: Human Capital Spillovers in Early 20th Century Agriculture", *Explorations in Economic History*, v. 49, p. 316-334, 2012; "Intergenerational Occupational Mobility in Great Britain and the United States Since 1850: Comment", *The American Economic Review*, v. 103, p. 2021-2040, 2013; Jan Luiten van Zanden *et al.*, "The Changing Shape of Global Inequality 1820-2000: Exploring a New Dataset", *Review of Income and Wealth*, v. 60, p. 279-297, 2014.

[240] Massimo A. Bollasina, Yi Ming e V. Ramaswamy, "Earlier Onset of the Indian Monsoon in the Late Twentieth Century: The Role of Anthropogenic Aerosols", *Geophysical Research Letters*, v. 40, p. 3715-3720, 2013.

mudar o padrão do cultivo agrícola há já duzentos anos.[241] Ao cotejar os dados governamentais sobre propriedades agrícolas com os dados sobre o tempo atmosférico, a história nos permite comprovar a interação entre a mudança material e a experiência humana e como no curso das décadas a mudança climática já criou diferentes conjuntos de ganhadores e de perdedores.

As implicações desses estudos são imensas. Mesmo antes do advento dos *big data*, Amartya Sen, já em 1981, havia estabelecido uma correlação entre a existência de níveis de democracia mais elevados e a prevenção das carestias.[242] E, mais recentemente, os estudiosos que tratam dos *big data* utilizaram índices históricos de democracia e índices proporcionados pela OMS sobre enfermidades, esperança de vida e mortalidade infantil para estabelecer um padrão que vincula democracia com saúde na experiência da maioria das nações no curso do século XX.[243] Diferentes tipos de dados proporcionam correlações que evidenciam quais são os elementos que determinam uma boa qualidade de vida, demonstrando como as relações da sociedade com

[241] Aiguo Dai, Kevin E. Trenberth e Taotao Qian, "A Global Dataset of Palmer Drought Severity Index for 1870-2002: Relationship with Soil Moisture and Effects of Surface Warming", *Journal of Hydrometeorology*, v. 5, p. 1117-1130, 2004; Francisco Alvarez-Cuadrado e Markus Poschke, "Structural Change Out of Agriculture: Labor Push versus Labor Pull", *American Economic Journal: Macroeconomics*, v. 3, p. 127–158, 2011; Urs Gimmi, Thibault Lachat e Matthias Bürgi, "Reconstructing the Collapse of Wetland Networks in the Swiss Lowlands 1850-2000", *Landscape Ecology*, v. 26, p. 1071-1083, 2011; Hans de Moel, Jeroen C. J. H. Aerts e Eric Koomen, "Development of Flood Exposure in the Netherlands during the 20th and 21st Century", *Global Environmental Change, Special Issue on The Politics and Policy of Carbon Capture and Storage*, v. 21, p. 620-627, 2011; Tello e Badía-Miró, "Land-Use Profiles of Agrarian Income and Land Ownership Inequality in the Province of Barcelona"; Benjamin S. Felzer, "Carbon, Nitrogen, and Water Response to Climate and Land Use Changes in Pennsylvania During the 20th and 21st Centuries", *Ecological Modelling*, v. 240, p. 49-63, 2012; Peter Sandholt Jensen e Tony Vittrup Sørensen, "Land Inequality and Conflict in Latin America in the Twentieth Century", *Defence and Peace Economics*, v. 23, p. 77–94, 2012; Robert H. Bates e Steven A. Block, "Revisiting African Agriculture: Institutional Change and Productivity Growth", *The Journal of Politics*, v. 75, p. 372–384, 2013.

[242] Amartya Sen, *Poverty and Famines: An Essay on Entitlement and Deprivation* (Oxford, 1981).

[243] Álvaro Franco, Carlos Álvarez-Dardet e Maria Teresa Ruiz, "Effect of Democracy on Health: Ecological Study", *British Medical Journal*, v. 329, p. 1421-1423, 2004.

condições particulares de saúde mudam dramaticamente no curso de um século.[244] Os dados também sugerem quão diferente pode ser a experiência da história entre as várias partes do mundo, como nas áreas rurais onde a produtividade agrícola produziu uma geração de adultos de baixa estatura, marcada pelo resto da vida por uma nutrição deficiente.[245] Assim agregados historicamente no tempo e no espaço, os *big data* podem assinalar os acasos da desigualdade e a realidade de sistemas de governança de mercado que tornam sustentável a vida para todos.

O que todos esses trabalhos mostram é que estamos inundados de dados – sobre democracia, saúde, riqueza e ecologia; dados de muitos tipos. Os dados avaliados à maneira antiga aparecem em vários departamentos separados – sobre democracia em ciência política ou relações internacionais; sobre riqueza em sociologia ou antropologia; e sobre ecologia em geociências ou biologia evolucionista. Mas cientistas de todos os lugares que se dedicam aos dados estão começando a compreender que os diferentes tipos de dados devem ser entendidos em sua recíproca relação histórica. A contaminação por aerossol e a mudança no padrão das monções têm relação causal entre si. O mesmo ocorre com a elevação do nível dos mares e a migração de agricultores. Todos os dados estão unificados pela interação no curso do tempo. Esse tipo de manipulação criativa dos arquivos nos oferece dados que a maioria dos economistas e dos climatologistas jamais suspeitaram. Quanto mais os dados são estendidos, criticados e examinados historicamente de múltiplos pontos de vista, mais tornam-se possíveis correlações cada vez mais significativas.

[244] M. Rodwan Abouharb e Anessa L. Kimball, "A New Dataset on Infant Mortality Rates, 1816-2002", *Journal of Peace Research*, v. 44, p. 743-754, 2007; Tanya L. Blasbalg *et al.*, "Changes in Consumption of Omega-3 and Omega-6 Fatty Acids in the United States During the 20th Century", *The American Journal of Clinical Nutrition*, v. 93, p. 950-962, 2011; Jean M. Twenge, "Generational Differences in Mental Health: Are Children and Adolescents Suffering More, or Less?", *The American Journal of Orthopsychiatry*, v. 81, p. 469-472, 2011; Johan P. Mackenbach, Yannan Hu e Caspar W. N. Looman, "Democratization and Life Expectancy in Europe, 1960-2008", *Social Science & Medicine*, v. 93, p. 166-175, 2013.

[245] Joerg Baten e Matthias Blum, "Why Are You Tall While Others Are Short? Agricultural Production and Other Proximate Determinants of Global Heights", *European Review of Economic History*, v. 18, p. 144-165, 2014.

Arquivos Invisíveis

Um típico estratagema ao qual os historiadores recorrem, movidos pela curiosidade por aquilo que a mente oficial ocultou, é vasculhar no armário de documentos classificados como "NÃO LER". Na era dos *big data*, também esta tática ganha uma vida nova. Um rico volume de informação pode ajudar a desvelar os silêncios deliberados do arquivo, iluminando aspectos da atividade governamental sobre os quais alguns prefeririam que o público nada soubesse. Esses são os arquivos escuros, arquivos que não esperam precisamente pela visita do pesquisador, mas antes têm que ser construídos a partir da leitura do que foi desclassificado ou removido. Aqui, também, os *big data* podem ajudar na produção de um relato mais extenso e mais profundo em termos temporais acerca de quanto desapareceu, quando e por quê.

Na tarefa de expandir de tal maneira os arquivos que desestabilizem o poder, os historiadores assumiram o comando. O historiador Matthew Connelly idealizou um *website* que chamou de "Declassification Engine", projetado para ajudar o público a rastrear informes não publicados ou não documentados do Departamento de Estado dos Estados Unidos. As técnicas que ele utilizou deveriam tornar possível uma leitura a distância de informes que nunca foram sequer dados a conhecer publicamente. Com efeito, sua pesquisa revelou um aumento enorme no número de arquivos desclassificados desde a década de 1990. Nessa década, o governo norte-americano, ao invés de desclassificar somente documentos específicos considerados extremamente sensíveis devido aos indivíduos ou aos projetos neles mencionados, começou sistematicamente a retirar automaticamente do acesso público programas estatais completos. Com a aplicação da técnica de colaboração coletiva dos vários sujeitos envolvidos, e diante da negativa às solicitações amparadas na *Freedom of Information Acts*, o Declassification Engine de Connelly foi capaz de mostrar como aqueles arquivos foram silenciados durante décadas.[246]

Na era das ONGs, as séries de dados de fonte governamental foram sendo complementadas no curso do tempo por outros bancos de dados de experiências humanas e de instituições, o que foi possível graças ao poder

---

[246] "Declassification Engine": <www.declassification-engine.org/>, acesso em: 4 maio 2018.

de *crowdsourcing* da internet. O uso da internet para coletar e compartilhar dados de diversas fontes deu origem também a novas recopilações de dados, realizados por grupos de ativistas não governamentais monitorando o caminho do capitalismo. Na verdade, os cientistas sociais estão há gerações compilando seus próprios bancos de dados e, desde a década de 1990, muitos desses bancos de dados foram informatizados e inclusive compartilhados.[247] O resultado é uma geração de bancos de dados, críticos tanto com relação aos Estados-nação quanto com as corporações, as quais fornecem material para delinear histórias alternativas do presente. Em 2012, quatro centros de pesquisa de universidades alemãs juntaram-se à International Land Coalition para começar a reunir informação sobre a quase invisível "apropriação de terra" acontecendo pelo mundo em decorrência da mobilização do capital financeiro.[248] Na era dos *big data*, podemos tornar visíveis inclusive essas histórias que nem os Estados nem os investidores quereriam que contássemos.

O que vale para a International Land Coalition vale provavelmente também para muitos outros grupos: na era dos *big data*, uma atitude ativista consiste em reunir informação sobre um fenômeno invisível para os governos tradicionais e empregá-la como ferramenta em si mesma para a reforma internacional. Bancos de dados similares com intenção ativista existem na Wikileaks – o famoso tesouro de documentos nacionais desvelados por reveladores de segredos – e na Offshoreleaks, a lista dos paraísos fiscais, esses refúgios internacionais para os quais tanto indivíduos como corporações desviam os benefícios obtidos de Estados-nação, fenômeno sobre o qual o jornalista Nicholas Shaxson, em seu *Treasure Islands*, de 2011, escreveu uma história preliminar relativa ao século XX.[249]

---

[247] R. Rudy Higgens-Evenson, "Financing a Second Era of Internal Improvements: Transportation and Tax Reform, 1890-1929", *Social Science History*, v. 26, p. 623-651, 2002. Higgens-Evenson toma os dados de Richard Sylla, John B. Legler e John Wallis, *Sources and Uses of Funds in State and Local Governments*, 1790-1915 (base de dados de leitura mecânica) (Ann Arbor, MI, 1995), que arquivou seus dados no Inter-university Consortium for Political and Social Research (ICPSR).

[248] Ver: <http://landmatrix.org/en/about/>.

[249] Ver: <http://offshoreleaks.icij.org/search>; <https://wikileaks.org/>; Nicholas Shaxson, Treasure Islands: Tax Havens and the Men Who Stole the World (Londres, 2011).

Pelo momento, essas informações cobrem somente um breve arco temporal, mas clamam por aportes complementares provenientes de historiadores capazes de retraçar os investimentos estrangeiros em propriedades imobiliárias no período pós-colonial – um tema que remete à história do nacionalismo econômico nas décadas de 1940 e 1950, e à repentina inversão dessas leis na última década, quando nações como Romênia, Bulgária e Islândia abriram a propriedade imobiliária à especulação internacional pela primeira vez em meio século.

Os arquivos escuros e os arquivos de elaboração comunitária tornam patente o muito que os *big data* podem nos oferecer para traçar um quadro do presente – o que é hoje o nosso governo, para onde se dirigem os investimentos e qual é o destino da justiça social. A análise digital, combinada com vários tipos de ferramentas de investigação do passado, incluídos a análise temática e outras de que já falamos antes, começa a oferecer uma imensa gama de ferramentas para manejar a história, quando o volume de papéis que há para ler tornou-se simplesmente excessivo. Não estamos mais na época da sobrecarga de informação; estamos na era em que novas ferramentas e novas fontes começam a desentranhar imensas extensões de tempo que até agora haviam permanecido em silêncio.

É preciso resguardar a evidência de transferências e supressões, posto que são as mais frágeis e as que mais probabilidade têm de desaparecer em qualquer luta econômica, política ou ambiental. Há alguns anos, ativistas da biodiversidade erigiram na Inglaterra um memorial às espécies extintas, conhecidas e desconhecidas, vítimas da mudança climática causada pelos seres humanos.[250] Mesmo arquivos velhos podem ser imprevistamente recuperados para iluminar grandes relatos sobre acontecimentos de extinção, como ocorreu com as coleções de história natural do século XVIII reunidas por naturalistas que trabalharam para a Companhia das Índias Orientais e outras, que os ecologistas utilizaram para reconstruir o padrão das extinções que caracterizaram o Antropoceno.[251] Precisamos de bibliotecas repletas

---

[250] Rosemary Randall, "Loss and Climate Change: The Cost of Parallel Narratives", *Ecopsychology*, v. 1, p. 118-129, 2009.

[251] Adrian M. Lister, "Natural History Collections as Sources of Long-Term Datasets", *Trends in Ecology & Evolution*, v. 26, p. 153-154, 2011; Ryan Tucker Jones, *Empire*

de informação sobre plantas, animais e povos aborígenes, expulsos ou esquecidos, matéria-prima para arquivos escuros de relatos que seria muito conveniente esquecer. A preservação e a reconstrução de bancos de dados em nome de problemáticas éticas mais gerais colocam um importante desafio aos historiadores da ciência. Tais dados nos fornecerão um quadro mais rico e mais participativo da grande quantidade de indivíduos que sofrem a desigualdade econômica e a devastação ambiental, das tantas mãos que forjaram a democracia e fizeram surgir o mundo "moderno".

Como vimos, essas ferramentas para iluminar o passado com frequência projetam sua luz sobre nossa compreensão do futuro: mudam o nosso modo de conceber a possibilidade de construir cidades sustentáveis, ou a desigualdade no curso dos últimos séculos; ajudam os ativistas e os cidadãos a compreender a trajetória de seus respectivos governos e a interpretar a economia mundial. Todos esses meios de fazer história também são cruciais para dar sentido aos acontecimentos mundiais do presente e representam uma tecnologia emergente para compor o cenário de um futuro a longo prazo.

Como, então, devemos pensar sobre o futuro e o passado?

A digitalização por si mesma não basta para dissipar a bruma dos relatos e a confusão numa sociedade dividida por mitologias em competição. Faz-se necessário uma prudente e judiciosa avaliação dos dados, problemas e temáticas. Precisamos nos esforçar para distinguir e promover questões que sejam sintéticas e significativas e que abram novas perspectivas metodológicas. Na verdade, a capacidade para dar sentido a questões causais, de narrar relatos persuasivos ao longo do tempo, é um dos desafios não resolvido enfrentado hoje pela indústria da informação. É sabido que nem o Google nem o Facebook têm tido muito êxito na busca de um algoritmo que proporcione ao usuário a notícia *mais* importante de seu mural ou de revistas sobre o último ano. Podem calcular qual a notícia mais *vista*, mas saber qual a mais influente permanece um desafio. Experimentando a construção

---

of Extinction: Russians and the North Pacific's Strange Beasts of the Sea, 1741-1867 (Nova York, 2014).

de linhas do tempo que permitissem compreender acontecimentos complexos do mundo real, Tarikh Korula, do TechCrunch, e Mor Naaman, da Cornell University, criaram um *website* chamado Seen.co, que registra em tempo real as diferentes *hashtags* relativamente mais "quentes" no Twitter.[252] Essa iniciativa põe em evidência a sede do setor privado de especialistas capazes de compreender o tempo, quer o da curta duração quer o da longa. De maneira análoga, outro *site* que se ocupa de rastrear acontecimentos, Recorded Future, encontra sincronias e conexões entre relatos, concentrando-se em companhias ou setores de investimento particulares, com um banco de dados de clientes constituído por setores de inteligência e arbitragem corporativa.[253] Christopher Ahlberg, seu CEO, descreve sua missão como "ajudar as pessoas a ver todo tipo de novos relatos e estruturas existentes no mundo".[254] A Google considerou que a habilidade para captar tendências nos acontecimentos, encontrando correlações e conexões – o terreno de competência da história tradicional – é uma perspectiva tão valiosa que o investimento inicial da companhia em 2014, segundo foi informado, chegou a 8 bilhões de dólares.

Outro exemplo é o que oferece a trajetória do *software* Paper Machines. Criado em 2012, e aperfeiçoado entre 2013-2014, produziu um reduzido número de documentos e uma grande quantidade de entradas em *blogs* e tuítes de faculdades e estudantes de pós-graduação, refletindo sobre suas experiências no uso dessa ferramenta em ensino e em pesquisa. Contudo, em 2013, também foi adotado por uma empresa de inteligência militar na Dinamarca, que assessorava o serviço nacional de inteligência desse país sobre a natureza dos informes oficiais de outros organismos análogos pelo mundo.[255] Esses governos, semelhantemente a governos do passado, para cujo estudo o Paper Machines foi projetado, produzem muita documentação para

---

[252] Ver: <http://seen.co/>.

[253] Ver: <https://www.recordedfuture.com/>.

[254] Quentin Hardy, "Crushing the Cost of Predicting the Future", Bits Blog, *The New York Times*, 17 nov. 2011, disponível em: <http://bits.blogs.nytimes.com/2011/11/17/crushing-the-cost-of-predicting-the-future/?_php=true&_type=blogs&_r=0>, acesso em: 4 maio 2018.

[255] Stephan de Spiegeleire, correspondência pessoal a Jo Guldi, 2 jan. 2014.

ser lida – na verdade, muito material de inteligência para ser utilizado com proveito por outros governos nacionais. A identificação de tendências históricas relativas a diversas agências voltadas para a segurança nacional demonstrou ser vital para poder processar com eficiência informações oficiais.

Nas próximas décadas, cientistas, climatologistas, peritos em técnicas de visualização e estudiosos de finanças estarão à procura das melhores ferramentas para analisar as dinâmicas temporais. A história tem um papel importante a desempenhar no desenvolvimento de padrões, técnicas e teorias adequadas para a análise de bancos de dados mutuamente incompatíveis, quando o elemento temporal é decisivo para compreender os mecanismos causais e as correlações. Especialistas que procuram explicar a história e as perspectivas de vários programas – para indústria, investimento imobiliário, seguro, ecologia e política – aos seus potenciais acionistas terão, por sua vez, necessidade de especialistas que sejam capazes de formular perguntas que remetam a uma ampla escala temporal. Todos esses potenciais interlocutores induzem também muitos historiadores a se preocupar com as implicações éticas de formas de história elaboradas para responder a problemas práticos e ligados ao mundo real.

Como a época dos *big data* irá mudar a universidade

A sobrecarga de informação é uma realidade da economia do conhecimento de nossos dias. Os arquivos e os instrumentos digitais prometem dar sentido àqueles dados produzidos por governos e por corporações que hoje os estudiosos, os meios de comunicação e os cidadãos não têm como dominar. A imensidade do material que temos diante de nós reclama árbitros capazes de nos ajudar a compreender dados que desafiam as fronteiras da especialização – dados que são ao mesmo tempo econômicos, ecológicos e políticos, recolhidos no passado por instituições cujas finalidades e inclinações têm mudado com o tempo. Os *big data* irão mudar quase certamente as funções da universidade. Acreditamos que a universidade do futuro não somente irá necessitar de mais dados e mais rigor matemático, mas também de maior capacidade de arbitragem sobre os dados coletados no curso do tempo.

Há ainda mais razões para pensar que a educação universitária é o âmbito adequado para a pesquisa a longo prazo voltada ao passado e ao futuro, e ela deverá ser objeto de uma grande demanda num momento em que o clima, a economia e os governos estão experimentando mudanças continuamente. A universidade oferece um âmbito decisivo para a reflexão sobre a vida dos indivíduos e das sociedades. Num mundo de mobilidade, o arraigado sentido das tradições históricas próprio das universidades cumpre a função do pensamento de longo prazo que em outras comunidades era terreno reservado a xamãs, sacerdotes e anciãos. Essa perspectiva temporal nos é necessária se também desejamos mobilizar o passado para melhor explorar o futuro.

Contudo, muitos especialistas na universidade moderna estão mal-equipados para lidar com questões como essas. Mesmo em escalas menores, os cientistas formados para trabalhar com dados podem às vezes se equivocar quando começam a fazê-lo com os *big data*, acumulados no curso do tempo pelas instituições humanas. Um artigo elaborado por geógrafos tratou de averiguar se o público estava respondendo aos dados sobre a mudança climática procurando no banco de dados ISI Web of Knowledge por palavras-chave como "climat★", "camb★" e "adat★".[256] Um cálculo relativo às ocorrências desses termos pode nos dizer verdadeiramente se nos Estados Unidos a mudança climática está se tornando uma prioridade? Essa estratégia nunca seria aceita numa revista de história. Como mostramos no Capítulo III, nem sequer uma montanha de evidências sobre mudança climática reunida por cientistas indica que fora do mundo acadêmico exista um consenso público. Mas, mesmo se fosse conduzida num nível muito mais refinado, a análise que se descreve neste projeto é problemática. Mesmo as séries escolhidas excluem variáveis que dependem de falas diversas, como por exemplo "aquecimento global" e "mudança do meio ambiente". Mas, ainda mais importante, é que dificilmente a discussão entre acadêmicos sobre adaptação à mudança climática representa um metro de ação política para o mundo externo.

Mais significativo ainda, é o caso dos dados que os norte-americanos utilizam para falar do passado e do futuro do desemprego.

---

[256] Lea Berrang-Ford, James D. Ford e Jaclyn Paterson, "Are We Adapting to Climate Change?", *Global Environmental Change*, v. 21, p. 25-33, 2011.

Essa medida do bem-estar econômico nacional circula entre cientistas políticos, economistas e meios de comunicação internacionais como abreviatura do politicamente desejável enquanto objetivo para todos. Mas, de acordo com Zachary Karabell, um analista financeiro e credenciado historiador dos indicadores com os quais medimos nossa sociedade, o próprio modo que utilizamos para medir o desemprego está carregado de preconceitos do pensamento de curto prazo. Há muitos tipos de trabalho que o conceito de desemprego, tal como se desenvolveu originariamente durante o *New Deal*, não considera como tais; assim, fiel aos preconceitos de seu tempo, exclui da categoria de "emprego", por exemplo, um projeto empresarial por um agricultor urbano, ou os trabalhos domésticos realizados por mulheres que optaram por se ocupar de seus filhos ou de seus pais em lugar de buscar um emprego no mercado de trabalho. Isto também representa um peculiar horizonte de curto prazo para medir o bem-estar econômico ou o alcance de certas metas. Dado que, antes de 1959, nenhuma instituição oferecia estatísticas de "desemprego" comparável com as nossas atuais modalidades de mensuração do fenômeno, muitos "supostos truísmos" sobre vitórias e derrotas em eleições presidenciais norte-americanas resultam falsos, diz Karabell. Entre esses truísmos está a crença, repetida em quase todos os ciclos eleitorais, de que nenhum presidente norte-americano pode ser reeleito às voltas com uma taxa de desemprego acima de 7,2%. Tais ficções "se baseiam sobre pouco mais de cinquenta anos de informações", escreve esse autor, que mostra que esse horizonte temporal "é de tal maneira breve que não permite chegar com alguma certeza a conclusões sólidas e seguras".[257]

Em quase todas as instituições que reúnem dados ao longo do tempo, a maneira como isso é feito aperfeiçoa-se e muda de uma geração a outra. Quando a Freedom House, ONG fundada em 1941, começou a construir seu banco de dados sobre a paz, o conflito e a democratização, usou um critério que enfatizava a liberdade de imprensa; um critério muito diferente com relação àquele utilizado para medir a democracia e a autocracia em termos institucionais que seria desenvolvido decênios

---

[257] Zachary Karabell, *The Leading Indicators: A Short History of the Numbers That Rule Our World* (Nova York, 2014), p. 44.

mais tarde pelo Polity Project. Essa mudança de valores adotados pela ciência política significa que os instrumentos de medição da democracia usados nesses dois casos são igualmente úteis, mas em relação a projetos distintos.[258] Contudo, em outros campos, a presença de sistemas de mensuração obsoletos pode colocar em discussão a própria utilidade dos dados em geral. Não só as medidas sobre emprego, índice de preços do consumo (IPC), inflação ou o produto interno bruto (PIB), calculam-se sobre a base de nosso estilo de vida anterior ao forno de micro-ondas, como também que talvez suas teorias e supostas leis sejam reflexo da permanência de preconceitos de antigos aristocratas e velhos presbiterianos de um tempo. De acordo com Karabell, essa é uma razão pela qual as instituições financeiras de nosso tempo estão abandonando por completo as medições econômicas tradicionais e contratando matemáticos e historiadores para elaborar "indicadores sob medida" que nos digam algo mais sobre como vivemos atualmente.[259]

Navegamos no futuro com os números, mas talvez não tenhamos prestado suficiente atenção a *quando* esses números remontam. Para uma sociedade da informação, cujos dados procedem de diferentes momentos no tempo, é vital dispor de árbitros de informação que estejam bem preparados para operar com o tempo. Contudo, os climatologistas e os economistas continuam a analisar a mudança no curso do tempo e a se perguntar por seu sentido com base na visão panorâmica da história, como no caso da queda da civilização romana ou da civilização maia, normalmente sem se perguntar quanto dos dados à nossa disposição provém de elites, que denunciavam a democracia como fonte de colapso social, ou provém de impérios posteriores, que celebravam suas próprias vitórias.[260] Numa época ameaçada pela sobrecarga de informações, necessitamos de uma interpretação histórica dos dados que nos

---

[258] Tatu Vanhanen, "A New Dataset Compared with Alternative Measurements of Democracy", in Hans-Joachim Lauth, Gert Pickel e Christian Welzel (Orgs.), *Demokratiemessung: Konzepte und Befunde im internationalen Vergleich* (Wiesbaden, 2000), p. 184-206.

[259] Karabell, *The Leading Indicators*, p. 125, p. 130-135, p. 147-149.

[260] Richard Grove e Vinita Damodaran, "Imperialism, Intellectual Networks, and Environmental Change: Unearthing the Origins and Evolution of Global Environmental History", *in* Sverker Sörlin e Paul Warde (Orgs.), *Nature's End: History and the Environment* (Basingstoke, 2009), p. 23-49; Sörlin e Warde, "The

esmagam – seja aqueles oficiais sobre emprego, impostos, propriedade da terra e da água, seja aqueles não oficiais dos arquivos escuros,
sobre experiência cotidiana e sobre vozes reprimidas.

Guerra entre especialistas

A arbitragem de dados é uma atividade a qual os departamentos
de história das principais universidades de pesquisa irão quase certamente liderar; isso requer talentos e uma preparação que nenhuma
outra disciplina possui. Em parte, essa tarefa implica uma paixão especial pela interpretação do passado alimentada pelos historiadores de
todo o mundo. Muitos dos dilemas sobre que dados ter em conta são
questões éticas que os historiadores já conhecem. Numa época em que
os serviços de inteligência, o setor financeiro e os ativistas, poderiam
aspirar a interpretar os acontecimentos de longo e de curto prazos que
construem nosso mundo, os historiadores têm muito a oferecer. Se os
departamentos de história preparam projetistas de ferramentas e analistas
de *big data*, estão prontos para formar estudiosos que estarão na linha
de frente do processo de produção do saber dentro e fora da academia.

As ferramentas particulares da história para avaliar criticamente
os dados são variadas e visam a mostrar como a orientação de uma
instituição influência os dados, refletir sobre a origem dos dados, comparar diferentes tipos de dados, resistir à poderosa atração da mitologia
herdada, e compreender que há diferentes tipos de causas. Os historiadores também estão entre os mais importantes intérpretes, críticos
e céticos no que tange à investigação do modo como "a mentalidade
oficial" da burocracia reúne e administra os dados de uma geração a
outra. A tradição de pensar no passado e no futuro dos dados pode
remeter à história das profissões de Harold Perkin, ou, inclusive antes,
ao trabalho de Max Weber sobre a história da burocracia.[261] A obra
desses autores mostrou com consistência que os dados da burocracia
moderna, da ciência e inclusive das matemáticas se alinham aos valores

---

Problem of the Problem of Environmental History: A Re-Reading of the Field",
Environmental History, v. 12, p. 107-30, 2007.

[261] Harold Perkin, *The Third Revolution: Professional Elites in the Modern World* (Londres,
1996); Max Weber, "Science as a Vocation (1917)", *in* Weber, *The Vocation Lectures*,
David Owen e Tracy B. Strong (Orgs.) (Indianapolis, 2004), p. 1-31.

da instituição da qual se originam. Às vezes, isso assume a forma de uma tendência para favorecer um setor particular que financia a maior parte dos projetos, como ocorreu com o American Army Corps of Engineers. Outras vezes, se manifesta como um preconceito em favor dos próprios especialistas – a convicção de que em uma economia de mercado os recursos destinados aos pobres nunca podem ser elevados; preconceito que sugere que a contribuição dos economistas é indispensável para o crescimento econômico, mesmo quando a maior parte de sua erudição se limite a dar apoio à concentração da riqueza já existente em mãos de uns poucos.[262] Os historiadores têm o devido preparo para tomar em consideração distintos tipos de dados, mesmo quando provenientes de fontes radicalmente diversas. Trata-se de competências que com frequência são subestimadas na formação de outros tipos de analistas; a leitura de sequências de dados heterogêneos produzidos em diversos períodos é uma especialidade do historiador.

A crítica das mitologias tradicionais relativas à história toma o nome de "metanarrativa". Desde a década de 1960, grande parte do trabalho realizado no campo da teoria e da filosofia da história centrou-se no modo como o historiador obtém uma perspectiva crítica sobre os preconceitos de culturas precedentes, incluindo o preconceito de que as perspectivas protestante, branca ou europeia foram sempre as mais avançadas. O ceticismo com relação à existência de regras universais que estabelecem hierarquias é uma ferramenta vital para refletir sobre o passado e sobre o futuro. Não há, até onde a história pode nos ensinar, nenhuma lei natural que possa predizer o triunfo de uma raça ou de uma religião sobre outras, ainda que haja certeza de que há dinâmicas mais restritas que guardam correlação com o auge ou o declínio de instituições particulares em momentos particulares, como, por exemplo, quando ocorre o acesso à tecnologia e infraestrutura militares numa escala sem precedentes.[263] Esse ceticismo aparta os historiadores dos

---

[262] Frédéric Lebaron, "Economists and the Economic Order: The Field of Economists and the Field of Power in France", *European Societies*, v. 3, p. 91-110, 2001; Stephen Turner, "What Is the Problem with Experts?", *Social Studies of Science*, v. 31, p. 123-149, 2001.

[263] Karl R. Popper, *The Poverty of Historicism* (Nova York, 1961); Hayden White, *Metahistory: The Historical Imagination in Nineteenth-Century Europe* (Baltimore, 1975).

fomentadores de fundamentalismos segundo os quais a democracia ou a civilização norte-americana estão destinadas a triunfar sobre as outras.

Vivemos numa época em que os *big data* parecem sugerir que estamos reclusos em nossa história e que nosso percurso depende de estruturas maiores que nos precedem. Por exemplo, "Women and the Plough", um artigo de economia, de uma prestigiosa revista, diz-nos que os modernos papéis de gênero estruturaram nossas preferências desde a instituição da agricultura.[264] Um outro artigo se pergunta: "Foi a riqueza das nações determinada em 1000 a.C.?".[265] Também a biologia evolucionista, como a economia, é um campo no qual a abundância de dados tem sido lida apenas com os olhos postos numa ou duas hipóteses sobre a ação humana. A culpa é atribuída aos seres humanos enquanto espécie, ou à agricultura, ou à descoberta do fogo. Nossos genes foram acusados de ser a causa de nossa cobiça e de nossos sistemas de hierarquia, de nossos papéis de gênero e da nossa própria exploração do planeta. Contudo, os papéis de gênero e os sistemas de hierarquia mostram enormes variações no curso da história humana.

Quando alguns estudiosos falam dessa maneira de regras imutáveis herdadas de nossos antepassados caçadores-coletores, é possível que esqueçam, persuadidos pelo volume de evidências acumuladas, que sua teoria, retomada de Darwin e Malthus, segue sendo em essência uma hipótese filosófica, segundo a qual uma terra imutável conferiu a todas as suas criaturas, incluídos os seres humanos, um padrão estável de comportamento, que eles depois desafiaram a seu próprio risco. No mundo do biólogo evolucionista e do economista neoliberal parece se evaporar a possibilidade de escolher e organizar múltiplos futuros. Trata-se de ficções reducionistas sobre nosso passado e nosso futuro, meramente disfarçadas por teorias baseadas em dados; o historiador adverte que elas também estão ultrapassadas.

---

[264] Alberto Alesina, Paola Giuliano e Nathan Nunn, "On the Origins of Gender Roles: Women and the Plough", *The Quarterly Journal of Economics*, v. 128, p. 469-530, 2013.

[265] Diego Comin, William Easterly e Erik Gong, *Was the Wealth of Nations Determined in 1000 BC?* (National Bureau of Economic Research, 2006), disponível em: <www.nber.org/papers/w12657.ack>, acesso em: 4 maio 2018. Ver também Enrico Spolaore e Romain Wacziarg, *Long-Term Barriers to Economic Development* (National Bureau of Economic Research, 2013), disponível em: <www.nber.org/papers/w19361>, acesso em: 4 maio 2018.

Em outras ocasiões, o repetir-se da história nos instrui sobre como governar nossa sociedade e como lidar com o outro. Quando os economistas e os cientistas políticos falam dos limites malthusianos ao crescimento, e explicam como superamos a "capacidade de carga" de nosso planeta, os historiadores identificam que eles estão expondo não um fato comprovado, mas um argumento fundamentalmente teológico. Os economistas modernos removeram de suas teorias a representação de um Deus arbitrário, mas a sua teoria da história é basicamente a do começo do século XIX, segundo a qual o universo está desenhado para punir os pobres, e a experiência do rico é um sinal de sua obediência às leis naturais.[266] Na atualidade, os antropólogos podem fazer referência à experiência de muitas sociedades, tanto do passado como do presente, nas quais as divisões de classe não se manifestam em termos de desapropriação ou inanição.[267]

A realidade das leis naturais e do predomínio de determinados padrões de comportamento não amarram os indivíduos a nenhum destino em particular: está em suas mãos a capacidade de escolher, que se exprime na ação individual, a qual é uma das tantas causas que concorrem na criação do futuro. Mas não é assim que raciocinam hoje muitas disciplinas. Como concluiu Geoffrey Hodgson, em sua análise da economia moderna como disciplina, "a corrente dominante na disciplina econômica, ao se concentrar no conceito de equilíbrio, descuidou do problema da causalidade". Hoje, conclui Hodgson, "os pesquisadores que se preocupam exclusivamente com a coleta de dados, ou com a construção de modelos matemáticos, parecem com frequência incapazes de captar os problemas de fundo".[268]

Fora dos departamentos de história, poucos estudiosos estão preparados para colocar à prova as conclusões de seu próprio campo de estudos, confrontando-as com as que foram elaboradas em outros

---

[266] Boyd Hilton, *The Age of Atonement: The Influence of Evangelicalism on Social and Economic Thought, 1785-1865* (Oxford, 1992).

[267] Marshall Sahlins, *Stone Age Economics* (Chicago, 1972); David Graeber, *Toward an Anthropological Theory of Value: The False Coin of Our Own Dreams* (Nova York, 2001); Graeber, "A Practical Utopian's Guide to the Coming Collapse", *The Baffler*, v. 22, p. 23-35, 2013.

[268] Geoffrey M. Hodgson, "Darwin, Veblen and the Problem of Causality in Economics", *History and Philosophy of the Life Sciences*, v. 23, p. 385-423, 2001.

setores universitários. Os biólogos se ocupam de biologia; os economistas de economia. Mas os historiadores são quase sempre historiadores de alguma coisa; reconhecem a si mesmos perguntando-se sobre a proveniência dos dados – e refletindo sobre sua legitimidade, inclusive (ou sobretudo) se procedem de outro historiador. Na história tradicional, a causalidade múltipla é um elemento tão central, incorporado na própria estrutura dos departamentos, que um estudante adquire experiência de muitos aspectos possíveis da história e de sua causalidade frequentando cursos de história intelectual, da arte ou da ciência – matérias que refletem uma realidade forjada por muitas mãos. Na atualidade, quase todos os historiadores tendem a fundir essas ferramentas: são historiadores que se ocupam da experiência *social* num contexto *ecológico* de ideias *intelectuais* e de política *diplomática*. Em outras palavras, se estudam os dois últimos séculos, estão a lidar com a experiência registrada de gente pertencente à classe operária, numa situação de desastre ecológico, e tendo que levar em conta o que disseram os advogados e fizeram os políticos. Esses historiadores modernos – observa o historiador James Vernon – trabalham quando menos "para escrever uma história da modernidade global, plural em suas causas e singular em sua condição".[269] Estão pondo na mesma página dados sobre desigualdade, sobre política e sobre ecossistemas, e reduzindo um caótico enredo a uma história complexa feita de conexões causais.[270]

Num mundo de *big data*, o mundo tem necessidade de analistas preparados a comparar conjuntos distintos de dados incompatívcis entre si, quantitativos e qualitativos; a reconstruir as emoções partindo dos registros jurídicos; a julgar a mudança climática em relação às atitudes diante da natureza e sua exploração por parte da mentalidade oficial ou empresarial. Quem pode nos informar sobre as diferenças entre os tipos de racionalidade que se utilizam nos debates sobre clima

[269] James Vernon, *Distant Strangers: How Britain Became Modern* (Berkeley, 2014), p. 133.

[270] A exposição mais formal deste argumento está em William H. Sewell, Jr, *Logics of History: Social Theory and Social Transformation* (Chicago, 2005); George Steinmetz, "'Logics of History' as a Framework for an Integrated Social Science", *Social Science History*, v. 32, p. 535-553, 2008. Para uma série alternativa de causas particularmente apropriadas ao Antropoceno, ver: J. Donald Hughes, "Three Dimensions of Environmental History", *Environment and History*, v. 14, p. 319-330, 2008.

e os que se utilizam nas discussões sobre desigualdade? São esses relatos verdadeiramente irreconciliáveis?

Sem as teorias dos historiadores sobre a múltipla causalidade, o fundamentalismo e o dogmatismo poderiam prevalecer. Nessa empobrecida compreensão da história, dificilmente se poderia imaginar mais de um futuro. Dado que se supõe que somos criaturas predeterminadas por um passado antigo, continua esse relato, nossas escolhas contemplam ou uma futura catástrofe ambiental ou um governo de elites autoproclamadas, quer biológicas quer tecnológicas. Ao colocar a questão de como temos apreendido a pensar de maneira distinta da dos nossos antepassados, nos separamos do uso acrítico dos dados e das teorias que foram reunidos por outra geração com outros propósitos.[271]

Os historiadores deveriam estar na linha de frente na formulação de novas metodologias para relevar a mudança social em nível global. Como mínimo, deveriam comparar e contrastar as buscas de palavras-chave em revistas, relatórios governamentais e notícias com informes econômicos e dados climáticos e até com buscas combinadas de palavras-chave e tuítes. Esses fluxos de informações eletrônicas ilustram uma parte importante do contexto público de nosso tempo. Os historiadores são os revisores ideais de ferramentas digitais como o Ngram ou o Paper Machines, os críticos que podem dizer de onde vêm os dados, a que perguntas podem responder e a quais não.

A universidade de pesquisa renasceu... com uma propensão ética

Os métodos para manejar *big data* como séries históricas de acontecimentos são novos ainda. Necessitamos de ferramentas para compreender o impacto cambiante no curso do tempo, provocado pelas ideias, pelos indivíduos e pelas instituições. Precisamos de universidades que formem estudantes capazes de transformar os *big data* em uma história de *longue durée* e de utilizar a história para entender quais dados são aplicáveis e quais não. Se os historiadores retornassem

---

[271] Conforme David J. Staley, *History and Future: Using Historical Thinking to Imagine the Future* (Lanham, md, 2007), para paralelos entre a multicausalidade do passado e a abertura para futuros múltiplos.

à *longue durée*, ao invés de ignorá-la, ou de considerá-la como uma história de segunda mão, encontrariam-se na situação de intérpretes críticos dos múltiplos tipos de dados que temos resumido aqui. Estão em processo de compilação dados relativos ao clima, à biodiversidade, dados sobre instituições modernas e leis abarcando os últimos milênios ou os últimos cinco séculos, os registros carcerários, os testemunhos linguísticos de mudança cultural, o comércio em grande escala, migrantes e refugiados. Do que se necessita urgentemente é de uma formação capaz de entretecer todos esses dados num coerente tecido temporal.

A era do fundamentalismo sobre o passado e seu significado acabou – quer ele pregue o apocalipse climático, os genes dos caçadores-coletores ou um capitalismo predestinado para uns poucos. Ao contrário, é chegado o tempo de procurar uma liderança para os campos que têm analisado meticulosamente os seus dados sobre a experiência e as instituições humanas. Deveríamos investir em ferramentas e formas de análise que enfoquem criticamente os *big data* a partir das múltiplas fontes da história e do futuro de nossas instituições e de nossas sociedades. Disso pode depender nossa capacidade para dar forma, de maneira criativa e com conhecimento de causa, a um futuro viável numa era de múltiplos desafios globais.

Se essas revoluções acontecerem, os próprios historiadores terão que mudar. Têm um futuro a abraçar em nome do público. Podem confiantemente começar a escrever sobre o grande quadro, escrevendo de modo acessível aos não especialistas, falar dos dados que utilizam e compartilhar os resultados das pesquisas realizadas de tal modo que o poder de suas imensas coletas de dados se torne imediatamente compreensível a todos. Sua formação deveria se transformar para dar lugar à reflexão sobre como produzir uma adequada narração de *longue durée*, sobre como a competência arquivística do micro-historiador pode conjugar-se às indicações de alcance geral oferecidas pela perspectiva macroscópica. Na era das ferramentas de *longue durée*, em que o confronto com períodos plurisseculares torna-se parte da caixa de ferramentas de todo estudante de pós-graduação, a reflexão sobre qual é o público adequado e quais são as aplicações das investigações históricas em grande escala pode-se tornar parte da atividade de todo departamento de história. Para reivindicar o seu papel de árbitros e de sintetizadores do conhecimento do passado, os historiadores deverão ser indispensáveis para analisar em detalhe os dados dos antropólogos, dos biólogos evolucionistas, dos neurocientistas, dos historiadores do comércio, dos economistas e dos geógrafos historiadores, tecendo-os em narrativas mais amplas que contextualizem e tornem legíveis as suas afirmações e os fundamentos sobre os quais se apoiam.

Esse desafio pode ter o efeito de forçar os historiadores a assumir um papel mais ativo nas muitas instituições públicas que gerenciam os dados sobre nosso passado e nosso futuro, não apenas no que diz respeito aos bancos de dados oficiais ou de ativistas, mas também a bibliotecas e arquivos, sobretudo os que não são funcionais a projetos estatais guiados por elites políticas às quais seria conveniente que a documentação relativa a determinadas etnias fosse completamente apagada.[272] Grupos sociais desenraizados de seus lugares de origem são os que mais dificilmente dispõem de recursos para preservar suas próprias histórias. Alguém deve se fazer responsável pelos dados que nós – e as gerações futuras – utilizamos para compreender o que está acontecendo no mundo que nos rodeia.

Se os historiadores assumirem o duplo papel de árbitros dos dados para o público e de investigadores de histórias esquecidas, terão que assumir também um papel mais ativo na preservação dos dados e dizer ao público o que está sendo preservado e o que não. Os projetos de digitalização num mundo dominado por discussões em língua inglesa e por arquivos de caráter nacionalista suscitam problemas relativos à representação de grupos subalternos e de nações em desenvolvimento,

---

[272] Para alguns exemplos recentes, ver: Helen Shenton, "Virtual Reunification, Virtual Preservation and Enhanced Conservation", *Alexandria*, v. 21, p. 33-45, 2009; David Zeitlyn, "A Dying Art? Archiving Photographs in Cameroon", *Anthropology Today*, v. 25, p. 23-26, 2009; Clifford Lynch, "Defining a National Library in a Digital World: Dame Lynne Brindley at the British Library", *Alexandria*, v. 23, p. 57-63, 2012; Jian Xu, "A Digitization Project on Dongjing: Redefining Its Concept and Collection", *Micro-form and Digitization Review*, v. 41, p. 83-86, 2012; Tjeerd de Graaf, "Endangered Languages and Endangered Archives in the Russian Federation", *in* David Singleton, Joshua A. Fishman, Larissa Aronin e Muiris Ó Laoire (Orgs.), *Current Multilingualism: A New Linguistic Dispensation* (Berlim, 2013), p. 279-296; John Edward Philips, "The Early Issues of the First Newspaper in Hausa Gaskiya Ta Fi Kwabo, 1939-1945", *History in Africa*, v. 41, p. 425-431, 2014.

GRANDES QUESTÕES, *BIG DATA*

e relativos às línguas minoritárias e aos déficits digitais. Ali onde o financiamento para a digitalização dos documentos está ligado a projetos de construção nacional (como ocorre em muitos casos), os arquivos relativos às mulheres, às minorias e aos pobres correm o risco de não serem digitalizados ou quando o são, de o financiamento ser insuficiente ou inclusive inexistente. Tal como os livros necessitam de adequadas condições de temperatura e de humidade para não se deteriorarem, também os documentos digitais necessitam de financiamento permanente para seus servidores e manutenção para seus *bits*. A força que as ferramentas digitais têm de promover sínteses de *longue durée* que incluam outras perspectivas que não as do Estado-nação depende da criação e manutenção de arquivos inclusivos.

Questões como essas derivam em grande parte de tradições da micro-história, com seu foco nos testemunhos particulares e vulneráveis, capazes de lançar luz sobre a história da escravidão, do capitalismo ou da vida doméstica. E, com efeito, questões sobre como preservar vozes subalternas mediante a integração de microarquivos na documentação digitalizada da *longue durée* constituem uma nova fronteira de pesquisa, de vital importância. Essa imensa atividade, assim como o pensamento crítico que a sustenta, deve ser reconhecida e recompensada com publicações específicas, subvenções, e prêmios aos estudiosos que se dedicam ao trabalho institucional do microarquivo na perspectiva da *longue durée*. Trata-se de outra forma de atividade pública no campo da *longue durée*, que se preocupa mais com a cuidadosa gestão de documentos – objetos, relatos, recursos e políticas de emprego com vistas a criar uma estrutura de microarquivos para a elaboração de amplas narrativas de importância genuína – e menos com a procura de um amplo público, grandes tiragens e leitores entre burocratas.

Se os historiadores – ou outros estudiosos dotados de sensibilidade histórica, de críticos literários a sociólogos – aceitam esse desafio, podem colocar-se na vanguarda na gestão da informação. Poderiam colaborar com arquivistas, especialistas em análises de dados, economistas e climatologistas no tratamento de mais amplos e sintéticos bancos de dados para estudar a mudança no curso do tempo. No futuro, a competência dos historiadores poderia ser requisitada por setores fora da universidade. Os historiadores poderiam se converter tanto em construtores e revisores de ferramentas como em consumidores e mestres das mesmas. Na verdade, essas mudanças têm a potencialidade de revolucionar a vida de alguns historiadores profissionais, se as faculdades fornecem análises de dados aos comitês legislativos, consultorias para campanhas de ativistas ou colaboração com *startups* do Vale do Silício, reconquistando assim o papel público que tradicionalmente exerceram e merecem voltar a exercer. Mudanças como essas podem por sua vez modificar as características e as modalidades de recrutamento dos futuros historiadores, com a experiência em outras áreas profissionais ou treinamento em ciência da computação constituindo potencial vantagem no âmbito da disciplina histórica.

No futuro, esperamos contar com projetos digitais que aproveitem a capacidade das ferramentas computacionais para analisar dados em grande escala. Esperamos também que as várias abordagens historiográficas reflitam sobre como esses projetos podem intervir na história produzida segundo o modelo da pesquisa de arquivo individual, sintetizando as contribuições recentes e ampliando o horizonte para além daquele visto por um único investigador. Sobretudo, esperamos que essas questões conectadas aos dados derivados de múltiplas fontes – material, econômica, demográfica, política e intelectual – possam ser postas em confronto para produzir descobertas inesperadas sobre a mudança no curso do tempo e sobre a natureza do mundo contemporâneo no qual vivemos.

A perspectiva de longo prazo do passado pode ajudar aos que falam do futuro a resistir ao pensamento dogmático sobre o passado e o futuro que resumimos no Capítulo III. Num mundo no qual criacionistas, ambientalistas e teóricos do mercado livre raramente discutem entre si, necessitamos de especialistas dispostos a falar de nossos dados agregados no contesto da *longue durée*, a examinar e a comparar os dados que nos rodeiam, a descartar o que é irrelevante e artificioso, e a explicar por que e como o fazem. Nesse aspecto, a história pode desempenhar a função de árbitro: pode colocar numa mesma página o neoliberalismo, a criação e o meio ambiente; pode ajudar os estudantes universitários a orientarem-se nas ideologias políticas e econômicas, adquirindo a capacidade de confrontarem-se com a cultura da argumentação de muitos especialistas de modo a poderem desenvolver conscientemente suas afirmações utilizando os dados por eles fornecidos.

Os instrumentos do pensamento crítico que a história efetua sobre a proveniência dos dados, sobre a causalidade múltipla e sobre as distorções consequentes aos preconceitos, nos livrariam das mitologias das leis naturais que se postulam em nossos dias sobre o mercado, o Estado e o destino do planeta, que predizem um futuro de fome e destruição para as massas. Eles deixarão claro que o pensamento dogmático sobre o mercado ou sobre o clima que nos leva a abandonar os outros seres humanos é uma escolha, e que outros mundos são possíveis. E o farão levando em consideração os dados concretos dos nossos recursos planetários, o seu uso, as muitas alternativas ostentadas por um longo passado e pelos vários futuros possíveis.

Concentrando-se em perspectivas como essas – e em como elas colocam em discussão as nossas instituições, fazendo com que os cidadãos sejam melhor informados e os governos mais abertos –, as universidades podem novamente aprender o que significa colocar-se a serviço do público. As fontes abertas, as ferramentas reutilizáveis, construídas sobre os recursos existentes, encorajarão os historiadores e os próprios cidadãos a olhar para os acontecimentos, colocando-os em seus contextos profundos e deles extraindo as narrativas mais importantes possíveis para uma história do presente. A importância das ferramentas para sintetizar a informação sobre a mudança no curso do tempo é cada vez maior, numa era marcada por uma crise acerca do futuro, e na qual a maior parte das instituições elabora os próprios programas referindo-se a ciclos inferiores aos cinco anos. Contudo, a força dos *big data*, e das ferramentas digitais de análise, anunciam um futuro no qual os governos, os ativistas e o setor privado encontrar-se-ão em competição com os seus próprios modelos para a compreensão das perspectivas a longo prazo.

Essa demanda por informação sobre nosso passado e sobre nosso futuro poderia criar um novo mercado para aquelas ferramentas que permitem sintetizar enormes quantidades de dados sobre as transformações do clima e dos mercados e sobre as consequentes reações dos governos e do público. Numa era de expansão de dados, certamente aparecerão novas ferramentas de síntese. No futuro, os historiadores poderão assumir novos papéis como especialistas em dados, falando em público sobre dados reunidos por outros, e utilizando a própria competência para comparar e contrastar os métodos dos economistas que estudam o crescimento com as advertências dos climatologistas.

Há na universidade muitos estudiosos de humanidades e historiadores que resistirão à ideia de que os dados são o verdadeiro futuro da universidade. As decisões sobre quais perspectivas adotar, se breves ou longas, sobre a oportunidade de assumir – ou não – posições sobre as quais há um consenso comum e sobre como usar os *big data* são questões a um só tempo éticas e metodológicas. Podemos nos contentar, como historiadores, em deixar as ostensíveis soluções dessas crises nas mãos de nossos colegas de outros departamentos acadêmicos? Ou nos disporemos a escrever uma história válida e honesta que arranque de sua complacência os cidadãos, os responsáveis políticos e os poderosos, uma história que, nas palavras de Simon Schama, "mantenha as pessoas despertas à noite"?[273]

---

[273] Simon Schama, "If I Ruled the World", *Prospect Magazine*, 21 ago. 2013, disponível em: <www. prospectmagazine.co.uk/magazine/if-i-ruled-the-world-september-2013-simon-schama/#.U7SBrKjXqBw>, acesso em: 4 maio 2018.

CONCLUSÃO

O futuro público do passado

A relação da história com o futuro público tem por base sua capacidade para delinear um contexto de *longue durée* a partir do qual as informações de arquivos, os acontecimentos e as fontes possam ser interpretadas. Na Introdução, sustentamos que deveria caber às universidades – fundadas para conservar e interrogar tradições ainda vivas – enfrentar os desafios desse futuro público. No Capítulo I, mostramos em que medida nossa tradição histórica era pública e ao mesmo tempo orientada ao futuro, em particular a original *longue durée* proposta por Fernand Braudel. No Capítulo II, sustentamos que a *longue durée* estava nascendo depois de um período de relativo declínio entre os historiadores profissionais, mas que o seu retorno estava relacionado com alguns dos problemas globais mais prementes nas culturas públicas em todos os lugares do mundo. No Capítulo III, mostramos como esse futuro público era contemplado ainda que com escassos recursos e objetivos frequentemente contrapostos, por uma especulação acrítica sobre os perigos futuros do clima, da governança global e da desigualdade. Propusemos que, para remediar essa situação, seria necessário dirigir o olhar para um futuro público. No Capítulo IV, ilustramos alguns dos trabalhos que contribuíram para essa pesquisa coletiva sobre o futuro, baseada numa análise nova e crítica dos dados sobre o passado.

Para responder ao apelo por um futuro público há que se repensar o modo como contemplamos o passado. Já nos referimos ao poder dos *big data*, para iluminar as sombras da história, para por à prova a sabedoria herdada e interrogar as teorias imperantes sobre o passado.

Mas responder ao apelo por um futuro público também significa escrever e falar do passado e do futuro *in publico* e fazê-lo de maneira tal que as ideias possam ser facilmente compartilhadas. Acreditamos que essa dedicação ao público anuncia três tendências novas na escrita da história: em primeiro lugar, a necessidade de novas formas de relato suscetíveis de serem lidas, compreendidas e assumidas pelos não especialistas; em segundo lugar, uma ênfase nas ferramentas digitais e de visualização; e, em terceiro, uma fusão entre o grande e o pequeno, o "micro" e o "macro", que, por um lado, extrai o melhor do trabalho de arquivo e, por outro, produz grandes quadros históricos sobre questões de interesse comum. Se o pensamento histórico de longo prazo quer cumprir a promessa que aqui propusemos, então teremos necessidade de uma rubrica para pensar o grande com competência adequada e refinamento histórico. Como é possível desenvolver um olhar crítico sobre narrativas de longa duração? Que características comuns unem os modelos que escolhemos? Como deveria ser realizada uma aula para ensinar às mentes jovens a pensar olhando para frente e para trás no tempo? Resumimos este livro retomando os argumentos que apresentamos conjuntamente e extraindo as principais maneiras de pensar o futuro a longo prazo. Acreditamos que essa tarefa requer os serviços de estudiosos formados na observação do passado que possam explicar de onde vêm as coisas, examinar as evidências precisas do passado breve e o quadro mais amplo dos *big data* e da *longue durée*; e que se coloquem à serviço do público, refletindo de maneira responsável sobre o nexo entre passado, presente e futuro. Esses métodos podem oferecer uma fórmula para a mudança na universidade, para as ciências da predição e para as respostas futuras em geral.

Num mundo de expansão da desigualdade, em meio às crises de governança global, e sob o impacto da mudança climática antropogênica, mesmo uma compreensão mínima das condições que dão forma às nossas vidas demanda um aumento de escala de nossas investigações. No momento em que a *longue durée* retorna, sob novas formas e com novos objetos, também exige uma resposta às questões fundamentais da metodologia histórica – que temas selecionamos, como estabelecemos seus limites e que ferramentas devemos utilizar para resolver nossas questões. As sementes de um novo debate sobre o futuro do passado e sobre o grande quadro foram já plantadas, e é

CONCLUSÃO: O FUTURO PÚBLICO DO PASSADO

por isso que a Grande História, a História Profunda e o Antropoceno estão em alta hoje. Também em outros setores secundários uma nova síntese teve início, ainda que raramente acompanhada por uma crítica explícita dos dados, orientada à visualização, ou dirigida ao público, aos ativistas, ou à política.

Numa era definida pela crise do *short-termism*, o momento pode ser particularmente oportuno para começar a repensar as atitudes para com o passado. Muitas histórias foram escritas com o propósito expresso de oferecer uma janela para o futuro, e algumas – especialmente as histórias de longo prazo do capitalismo e do meio ambiente – são muito claras com relação ao que oferecem. Ao refletir sobre o efeito que pode proporcionar a leitura de um livro de história, que mostra como a moderna teoria dos jogos provém do complexo industrial da Guerra Fria, o historiador Sanford Jacoby, da Universidade da Califórnia, declarou entusiasmado: "Deveríamos ser nós, historiadores, a encabeçar o desenvolvimento de cursos interdisciplinares e *big-think*". Jacoby ensina numa escola de administração de empresas, na qual "diz-se que os alunos não conseguem captar o 'grande quadro' e não estão em condições de escapar dos grilhões do presente. Nessa situação, os historiadores têm muito a oferecer".[274] Para responder a esses desafios, os que se ocupam do conhecimento do passado não deveriam ter medo de produzir e fazer circular entre o público em geral narrativas fáceis de assimilar, e que condensem as novas aquisições da pesquisa sobre história política, econômica e do meio ambiente.

O público tem necessidade de relatos sobre como chegamos ao limiar de uma crise ecológica e a uma crise de desigualdade. As problemáticas morais dos temas de *longue durée* – incluída a reorientação de nossa economia para fazer frente ao aquecimento global e à integração das experiências subalternas na dimensão política – exigem que os historiadores escolham um público o mais amplo possível a quem expor todas as experiências humanas sobre as quais escrevem – incluídas (mas certamente não limitadas a elas) as problemáticas do meio ambiente, da governança, da democracia e do capitalismo. Na universidade, haverá muito o que mudar para dar lugar a formas de investigação que

---

[274] Sanford M. Jacoby, "History and the Business School", *Labour History*, v. 98, p. 212, 2010.

se concentrem no conhecimento público de nosso futuro comum. As revistas que oferecem conteúdos pagos, disponíveis apenas a quem tem acesso às principais bibliotecas públicas ou universitárias, devem ter suas fontes franqueadas e abertas a públicos globais mais amplos.[275] Também necessitamos de visualizações informativas sobre nossas investigações, tornando-as públicas e submetendo-as à avaliação de outros especialistas, de modo rápido e eficiente, com o objetivo de elaborar uma síntese nova, decisiva e politicamente informada.

A micro-história e a macro-história – a análise do curto prazo e a visão de conjunto do longo prazo – deveriam cooperar para produzir uma síntese dos dados mais intensa, sensível e ética. A história crítica é capaz de abordar tanto o macro como o micro, de mostrar como experiências menores e reprimidas contribuem para a derrubada de nações e de impérios. Como observou corretamente Lynn Hunt: "uma história global, de muito longo prazo não é a única história que há para contar", mas essas histórias de tão longo prazo têm de ser articuladas com os frutos de histórias locais mais precisas e vice-versa. E acrescenta: "A escala do estudo depende da questão a ser respondida".[276] Não que as micro-histórias, ou os estudos de curto prazo de qualquer tipo, não sejam críticas – longe disso. Ao assinalar o desafio que a história pode apresentar às mitologias da economia neoliberal e ao catastrofismo climático, grande parte de nossas evidências foi extraída da produção de historiadores que trabalharam duramente nos arquivos, motivados para investigar questões profundamente controvertidas. Mas a regra que imperou na formação dos historiadores, pelo menos desde os anos de 1970, foi com frequência a de desencorajar a reflexão sobre o grande quadro histórico em favor de uma assídua concentração sobre fontes de arquivos particulares abordados com procedimentos particulares de leitura crítica.

Com relação ao conúbio entre micro-história e macro-história, para chegar a uma compreensão sintética de nosso passado, o campo da antropologia costuma estar mais à frente da história. Tomem-se as histórias do Sudeste Asiático, de James C. Scott, no contexto da história

---

[275] Peter Suber, Open Access (Cambridge, MA, 2012); Martin Paul Eve, *Open Access and the Humanities: Contexts, Controversies and the Future* (Cambridge, 2014).

[276] Lynn Hunt, *Writing History in the Global Era* (Nova York, 2014), p. 120.

profunda da região montanhosa nos confins do Império Chinês, que o autor chama de Zomia. Para Scott, o que define essa região é a fuga de populações de regimes políticos e econômicos opressivos, e que retrocedem a uma economia de subsistência, ao comércio de especiarias e raízes silvestres, ao invés do cultivo de hortaliças; a formas políticas igualitárias, ao invés de hierarquias; à cultura profética ao invés da religião herdada, e aos relatos intemporais mais que a uma narrativa histórica. Uma vez mais, uma série de micro-histórias sobre montanheses, reunidas ao longo de séculos, convertem-se num poderoso macrorrelato que desestabiliza as explicações herdadas sobre a inevitabilidade do império, da centralização, do capitalismo ou da hierarquia.[277]

É provável que a antropologia seja capaz de realizar essas análises de longo prazo, que subvertem completamente as explicações herdadas elaboradas por instituições que representam ou deveriam representar a modernidade, em grande parte porque sua prática não está influenciada, como ocorre com a história, pelas distinções entre micro e macro-história. À micro-história está permitido tornar-se a exceção que confirma a regra e ao mesmo tempo exemplificar como se subverte uma superestrutura dominante.[278] Nenhum estudioso iria defender que se eliminasse do trabalho histórico este importante microtrabalho, a recuperação da subalternidade e do paciente esquadrinhar nos arquivos. Na verdade, em suas audazes macro-histórias, Scott terminou por aconselhar aos estudiosos que revisem seus estudos sobre nações e povos à luz de estudos de famílias particulares e de suas interações no curso do tempo. Da mesma maneira, os historiadores poderiam resgatar a pesquisa de momentos-chave, de pontos de inflexão e de pistas mediante as quais uma experiência normal de resistência pode iluminar o todo. E então a história iluminará outra vez o todo.

O renascimento da *longue durée* irá continuar, assim esperamos, a obra da micro-história, de desestabilizar as narrativas da modernização,

---

[277] James C. Scott, *The Art of Not Being Governed: An Anarchist History of Upland Southeast Asia* (New Haven, 2009).

[278] Matti Peltonen, "Clues, Margins, and Monads: The Micro–Macro Link in Historical Research", *History and Theory*, v. 40, p. 347-359, 2001; Marshall Sahlins, "Structural Work: How Microhistories Become Macrohistories and Vice Versa", *Anthropological Theory*, v. 5, p. 5-30, 2005.

da história liberal e de outras formas de pensamento teleológico. Mas uma micro-história que não se reconecte com narrativas de maior alcance, e que não declare abertamente o que espera subverter e o que sustentar, pode ser uma mera atividade antiquária. O que esperamos é um tipo de história que reserve um papel permanente à micro-história, um trabalho de arquivo inserido num macrorrelato de maior alcance, entretecido com um amplo leque de fontes. Dessa maneira, os acontecimentos, com frequência chocantes e reveladores, extraídos da vida de pessoas reais, devem continuar a representar para os historiadores um convite à circunspecção e à análise crítica, mesmo considerando seus argumentos numa perspectiva mais ampla. Não é necessário contar em detalhe micro-histórico cada elo da cadeia de uma narrativa de *longue durée*: uma história serial, composta de um bom número de momentos recuperados, e inseridos em quadros de maior alcance, pode ser apropriada para mostrar continuidades ao longo do tempo, junto com as especificidades de exemplos particulares.[279]

Uma introdução no modelo *longue durée* que abarque as distintas disciplinas e torne claras as metas do autor pode amplificar a mensagem da pesquisa de arquivo de curta duração. Mas sem esse contexto de *longue durée*, a micro-história pode perder a sua função. Juntos, o trabalho micro-histórico nos arquivos, e os enquadramentos macro-históricos, podem oferecer um novo horizonte aos historiadores desejosos de aperfeiçoar sua capacidade de julgar o fluxo dos acontecimentos e das instituições no curso dos séculos e nas várias regiões do globo. Uma narrativa de longo prazo que reduz um grande volume de informação a um minúsculo cristal, escreve Paul Carter, tem o efeito de tornar compacto, transportável e compartilhável, "como se fora comida desidratada", uma grande quantidade de fatos.[280] Em qualquer

---

[279] Para uma exemplar aplicação desse método, que rende homenagem a Braudel e à *longue durée*, ver: Saliha Belmessous, *Assimilation and Empire: Uniformity in French and British Colonies, 1541-1954* (Oxford, 2013). Ver também: David Armitage, "What's the Big Idea? Intellectual History and the Longue Durée", *History of European Ideas*, v. 38, p. 493-507, 2012, para uma correspondente concepção do "*serial contextualism*" na história intelectual de *longue durée*.

[280] Paul Carter, *The Road to Botany Bay: An Essay in Spatial History* (Londres, 1987), p. xxiii. Carter retira a imagem ["like a cake of portable soup"] de *Journal*, de James Boswell.

momento de divergência política, a síntese histórica pode ajudar a recriar um consenso onde o consenso foi perdido. Num momento em que a opinião pública tem novamente necessidade de narrativas de longo prazo, essas modalidades de análise tornam-se importantes para determinar como devemos contar histórias, como os analistas devem projetar ferramentas e como as universidades devem formar os futuros profissionais e cidadãos.

Nem todos os campos enfrentam o mesmo problema na hora de produzir quadros sintéticos de suas pesquisas para o consumo público. A disciplina da economia se especializou em mapas e gráficos de fácil transmissão desde a década de 1930, quando economistas de esquerda como Rex Tugwell, da Universidade de Chicago, promoveram novos métodos de visualização com o propósito de conseguir apoio para os novos programas governamentais para infraestrutura e emprego. Esses mapas e esses resumos circularam e apareceram em jornais, revistas e artigos políticos, sendo mais concisos e fáceis de reproduzir que os equivalentes ensaios de vinte páginas de profissionais que trabalham com base em textos, como os historiadores. Sem dúvida, as políticas que aqueles estudiosos promoviam com frequência favoreciam interesses arraigados e não supunham grandes alterações; antes, com promessas de crescimento ilimitado, atraiu potenciais admiradores.[281] Mas os ambientalistas, com todos os seus dados, nunca se atreveram a fazer promessas ou a descrever os próximos passos a trilhar. Eles raramente condensaram suas teorias em mapas e gráficos legíveis que pudessem circular amplamente para além dos meios acadêmicos.

No mundo da universidade digital circulam ferramentas capazes de consolidar e sintetizar os textos escritos em distintas visualizações, as quais permitem aos historiadores imitar os economistas criando imagens simples e imediatas dos argumentos que tratam, e que seus críticos chamam de "visualizações de domínio rápido". Já agora, o Twitter e *blogs* demonstram como os historiadores estão investigando rotas alternativas de publicação, elaborando materiais de fácil circulação, e que ao se tornarem virais contagiam poderosamente o discurso público. Ficamos todos estupefatos com as cartas de Smith,

---

[281] John Markoff e Verónica Montecinos, "The Ubiquitous Rise of Economists", *Journal of Public Policy*, v. 13, p. 37-68, 1993.

Voltaire e Franklin inseridas em mapas da rede social, destacadas em laranja sobre fundo negro, representando a Europa geográfica, quando a Universidade de Stanford tornou público seu primeiro Projeto de Representação Gráfica da República das Letras. Mas, talvez, a verdadeira relevância desse mapa está no fato de se encontrar entre os primeiros projetos de história digital baseada em dados postos à disposição de um público mais vasto, por exemplo, nas páginas do *The New York Times*.[282] Essas realidades deveriam impulsionar os estudiosos, em particular os historiadores e demais especialistas em humanidades, a se interessar em ensinar, publicar e inovar o modo de analisar a mudança histórica, recorrendo a variações de análises temáticas, a visualizações de linhas do tempo, e a cálculos de ocorrências terminológicas e quantitativas.

Os micro-historiadores vêm há muito tempo trabalhando para desafiar as afirmações segundo as quais o capitalismo diminui naturalmente a desigualdade. Na verdade, séculos de dados proporcionam um enorme volume de evidências em sentido contrário – ou seja, que ao invés de conduzir à igualdade, o capitalismo tende a exacerbar as divisões de classe e mesmo as de raça e de gênero. A despeito da enorme quantidade de livros que foram escritos sobre o tema das desigualdades que o capitalismo tem perpetuado, raramente o público prestou atenção a esses argumentos. Foi mais fácil colocar em circulação as eficazes visualizações de economistas que sugerem que o capitalismo significa diminuição do desemprego e aumento da igualdade. Praticamente os únicos dados históricos que conseguiram desafiar esse fácil consenso têm sido os analisados por Piketty, que, em *O Capital no século XXI*, sintetizou em simples visualizações grandes quantidades de informações agregadas sobre o longo prazo, como vimos no Capítulo III.

Há uma tradição mais antiga que olha para a história como guia para o debate público sobre o futuro. Na verdade, a popularidade de

---

[282] Ver: <http://republicofletters.stanford.edu/>; Patricia Cohen, "Humanities Scholars Embrace Digital Technology", *The New York Times*, 16 nov. 2010, disponível em: <www.nytimes.com/2010/11/17/arts/17digital.html>, acesso em: 5 maio 2018; Cohen, "Digitally Mapping the Republic of Letters", *The New York Times*, Artsbeat Blog, 16 nov. 2010, disponível em: <http://artsbeat.blogs.nytimes.com/2010/11/16/digitally-mapping-the-republic-of-letters>.

CONCLUSÃO: O FUTURO PÚBLICO DO PASSADO

reevocar histórias, ambientadas em épocas passadas, como fazem certos programas televisivos [*realities*], jogos de computador com cenários históricos, e de séries históricas – sugere algo sobre a permanente atração da história para a imaginação pública.[283] Mais do que isso, a necessidade que tem o público de compreender o nosso passado comum, tanto o recente quanto o longínquo, deu impulso durante trinta anos à produção de tratados históricos por parte de economistas e climatologistas que procuraram explicar a prosperidade, a poluição e a própria natureza humana. Independentemente de os historiadores profissionais quererem ou não participar dessas discussões, o discurso público não pode prescindir de uma perspectiva de longo prazo sobre o passado e sobre o futuro. Na verdade, para estimular esse tipo de compromisso, na Austrália, na Europa continental e no Reino Unido, os organismos que dirigem a educação superior e os conselhos de pesquisa tomaram o compromisso público, o "impacto" e a "relevância" como critérios de avaliação do rendimento universitário.[284] Enquanto alguns acadêmicos ficam horrorizados com essa aparente intromissão na escolha de seus públicos e de seus temas, outros consideram isso uma grande oportunidade para desenvolver um serviço público. Os instrumentos para olhar o passado a serviço do futuro oferecem à universidade a oportunidade de desempenhar um papel importante como árbitro para julgar a falsidade, o mito e o confuso ruído de fundo numa época submersa pelos *big data*, na qual o futuro corre o risco de assumir a forma de problemas cujo alcance é sem precedentes, como a mudança climática e a governança transnacional. Olhar para o passado, de uma perspectiva ao mesmo tempo micro e macro, representa um modelo útil para entender os dados e as implicações das mudanças, que envolvem as forças institucionais que tomaram forma nas últimas décadas e as forças do clima agindo ao longo de milênios de evolução. Como observou a historiadora de políticas públicas Pamela Cox, os historiadores "devem estar preparados para ir além dos confins de nosso 'período' quando necessário e substituir nossos finos pincéis por outros mais grossos para poder pintar novas

[283] Jerome de Groot, "Empathy and Enfranchisement: Popular Histories", *Rethinking History*, v. 10, p. 391-413, 2006.

[284] Andrew Davies e Julie-Marie Strange, "Where Angels Fear to Tread: Academics, Public Engagement and Popular History", *Journal of Victorian Culture*, v. 15, p. 268-279, 2010.

'grandes narrativas' de mudança social, que não sejam cruamente deterministas, mas críticas, estruturais e céticas".[285]

Temos sustentado que a história deve ser uma ciência humana crítica e com uma visão pública. Ela não é a única disciplina dotada da vocação para iluminar e reformar, pelo menos se comparada às outras disciplinas – sociologia, antropologia, ciência política – normalmente agrupadas sob o guarda-chuva das ciências sociais e não justapostas às disciplinas humanas afins como a filologia e a musicologia. Como assinalou Craig Calhoun, ex-presidente do American Social Science Research Council e diretor da London School of Economics, "o compromisso público foi uma característica sobressalente das ciências sociais desde seu nascimento". E, contudo, o autor continua, a relevância pública das ciências sociais tem diminuído com a especialização e sua retirada para o interior da academia. Seu diagnóstico é análogo ao nosso, ainda que não trate especificamente da história entre as ciências humanas. A perda do sentido de finalidade pública, o enfraquecimento da capacidade de captar o grande quadro, a explosão da produtividade acadêmica (com frequência sob regimes de avaliação e "impacto" impostos de fora), a proliferação de "histórias" em vez da "história", o aumento do prestígio atribuído à novidade e à descoberta, mais do que à síntese e à teoria: são todos aspectos familiares das ciências humanas do século XX e inícios do XXI.[286] A história compartilhou muitos dos problemas da profissionalização exitosa. Agora o desafio consiste em preservar os benefícios palpáveis do profissionalismo e, ao mesmo tempo, recuperar as conexões com uma missão pública de maior alcance, que continue crítica mais do que meramente assertiva.

Olhar para o passado para prefigurar o futuro é uma tarefa importante à qual são chamados os historiadores, os sociólogos historiadores, os geógrafos historiadores e os cientistas da informação em particular. E também indica um possível percurso para pensar em perspectiva futura a todas aquelas instituições – governo, finanças,

---

[285] Pamela Cox, "The Future Uses of History", *History Workshop Journal*, v. 75, p. 17-18, 2013.

[286] Craig Calhoun, "Social Science for Public Knowledge", in Sven Eliaeson e Ragnvald Kalleberg (Orgs.), *Academics as Public Intellectuals* (Newcastle upon Tyne, 2008), p. 299-318.

CONCLUSÃO: O FUTURO PÚBLICO DO PASSADO

seguros, comitês informais ou formais, grupos de cidadãos-cientistas e outros – às quais apelamos para que nos guiem em nossa busca do caminho para futuros melhores. Há tradições à disposição dos que buscam esse caminho e todas elas têm um percurso documentado. Acreditamos que o passado é o melhor indicador do comportamento futuro de todas elas. Fernand Braudel escreveu o que segue: "A história não está condenada a estudar somente jardins perfeitamente murados. Se assim fosse, não deixaria de cumprir uma de suas atuais funções, que é a de responder aos angustiantes problemas do momento, mantendo-se em relação com as ciências do homem, tão jovens e tão imperialistas? Pode haver, no presente, [...] um humanismo intelectual sem história ambiciosa, consciente de seus deveres e de seus imensos poderes?".[287]

Essas perguntas continuam hoje tão atuais e prementes como quando Braudel as formulou, em 1946. O futuro público do passado continua nas mãos dos historiadores, "se é que estamos dispostos a olhar para fora das janelas de nossos gabinetes e pensar na história, não como a propriedade de uma pequena corporação de colegas de profissão, mas como o legítimo patrimônio de milhões de pessoas".[288] São palavras que o historiador norte-americano James Franklin proferiu em dezembro de 1912, e como as de Braudel conservam uma urgente atualidade em nossos dias. No curso do século passado, a profissão histórica conheceu uma série de viradas que anteriormente examinamos neste livro: social, cultural, de gênero, imperial, pós-colonial, global e transnacional, entre outras. Armados a essa altura, com perspectivas críticas transnacionais e transtemporais, os historiadores podem constituir-se nos guardiões contra as perspectivas paroquiais e contra o endêmico *short-termism*. Uma vez chamados a oferecer seu conselho sobre desenvolvimento político e reforma agrária, sobre a criação do Estado de Bem-Estar e sobre os acordos pós-bélicos, os historiadores, juntamente com outros estudiosos de humanidades, deixaram efetivamente a cena pública, tanto nacional como mundial, aos economistas e ocasionalmente aos juristas e cientistas políticos.

[287] Fernand Braudel, "Préface (1946)", *in La Méditerranée et le Monde méditerranéen à l'époque de Philippe II* (Paris, 1949), p. xiv.

[288] J. Franklin Jameson, "Future Uses of History", *American Historical Review*, v. 65, p. 70, 1959, citado por Cox, "The Future Uses of History", p. 18.

(Quando foi a última vez que um historiador passou de seu posto acadêmico para a Downing Street ou para a Casa Branca, para não falar a colaborador do Banco Mundial ou a assessor do Secretário-Geral da ONU?). Assim, não surpreende estarmos todos numa crise de governança global, encontrarmo-nos todos à mercê de mercados financeiros não regulados e com a mudança climática antropogênica ameaçando nossa estabilidade política e a sobrevivência da espécie. Para colocar em perspectiva todos esses desafios e combater o *short-termism* de nossa época, necessitamos com urgência daquela amplitude de visão de longo alcance que somente os historiadores podem proporcionar.

Historiadores do mundo, uni-vos! Há um mundo para ganhar – antes que seja muito tarde.

AGRADECIMENTOS

Manifesto pela história nasceu de muitas discussões sobre o futuro da história, sobre o retorno da *longue durée* e sobre o papel dos acadêmicos na cultura pública. Jo Guldi lembra que foram Jeremy DuQuesnay Adams e David Nirenberg que plantaram as sementes que deram origem ao tema do livro; por sua vez, David Armitage lembra como foram decisivos para o seu pensamento os diálogos com Alison Bashford e Darrin McMahon. Dessas conversações nasceu a colaboração; um *paper* para um seminário transformou-se num artigo, que encontra-se ampliado no presente livro. Sua elaboração deu-se em meio a muitos outros compromissos pessoais: por sua paciência e apoio, Jo Guldi agradece em especial a Zachary Gates; já David Armitage exprime seu reconhecimento ao *staff* do Departamento de História da Universidade de Harvard. Ambos somos agradecidos a Zachary Davis por sua eficiente e criativa assistência na pesquisa.

Apresentamos versões preliminares de partes de nossa argumentação na Yale Law School, no Departamento de História da Brown University e na Reid Hall em Paris.

Somos muito gratos às pessoas presentes nessas ocasiões por seus comentários e encorajamento, bem como agradecemos a Jenny Anderson, Margy Avery, Omer Bartov, Peter Burke, Jennifer Burns, Harold Cook, Simon DeDeo, Matt Desmond, Paul Freedman, Stella Ghervas, John Gillis, Tom Griffiths, Lynn Hunt, Daniel Jütte, Jeremy Kessler, Dan Smail, Anna Su, John Witt e Daniel Woolf por seus comentários e respostas. Nossos agradecimentos também aos editores dos *Annales*, especialmente a Etienne Anheim e Antoine Lilti, pela ajuda para publicar em sua revista um ensaio com material extraído dos Capítulos I e II.

Manifesto pela história é o fruto de um trabalho de colaboração insólito, não apenas entre os autores, mas também entre eles e a Cambridge University Press. Richard Fischer, editor de visão extraordinária, deu apoio ao nosso empreendimento desde o primeiro momento e desde as instâncias mais altas da editora. Sem a energia editorial, o entusiasmo e o impulso de Liz Friend-Smith, o livro não teria sido iniciado e certamente não terminado. Christina Sarigiannidou e Rosalyn Scott se encarregaram com calma e humor de um programa de produção de uma intensidade sem precedentes; Barbara Docherty foi uma revisora de texto exemplar na corrida para fechar o livro; e Caroline Diepeveen produziu em tempo recorde um excelente índice. O empenho da editora com a publicação de acesso aberto e *online* foi a um só tempo inovador e inspirador. Estamos abertos à discussão mais ampla que esse experimento possa suscitar e convidamos os leitores a se unirem à conversa em <historymanifesto.cambridge.org>.

> Jo Guldi, Providence, Rhode Island
> David Armitage, Sydney
> Julho de 2014.

Este livro foi composto com tipografia Bembo e impresso
em papel off-White 80 g/m² na Formato Artes Gráficas.